Mann über Bord!

F. Marion Crawford

Writat

Diese Ausgabe erschien im Jahr 2023

ISBN: 9789359254012

Herausgegeben von
Writat
E-Mail: info@writat.com

MANN ÜBER BORD

Ja – ich habe „Mann über Bord!" gehört. Seit ich ein kleiner Junge war, habe ich das schon oft getan, und ein- oder zweimal habe ich den Mann gehen sehen. Es gibt mehr Menschen, die auf diese Weise verloren gehen, als Passagiere auf Hochseedampfern je erfahren. Ich habe in einer dunklen Nacht über die Reling geschaut, als eine Stufe neben mir war und etwas wie eine große schwarze Fledermaus an meinem Kopf vorbeiflog – und dann gab es einen Platscher! Heizer gehen oft so vor. Sie werden verrückt vor Hitze, geraten an Deck und verschwinden, bevor sie jemand aufhalten kann, oft ohne gesehen oder gehört zu werden. Hin und wieder tut es ein Passagier, aber im Allgemeinen hat er seiner Meinung nach einen ziemlich guten Grund. Ich habe gesehen, wie ein Mann seinen Revolver in eine Schar von Auswanderern hineinschleuderte und dann wie eine Rakete überschlug. Natürlich wird jeder Offizier, der sich selbst respektiert, sein Möglichstes tun, um einen Mann festzunehmen, wenn das Wetter nicht so schlimm ist, dass er sein Schiff riskieren müsste; Aber ich glaube nicht, dass ich mich daran erinnern kann, mehr als zwei- oder dreimal in meinem Leben einen Mann gesehen zu haben, der zurückgekommen ist, als er einmal ziemlich verschwunden war, obwohl wir oft den Rettungsring und manchmal auch die Mütze des Kerls aufgehoben haben. Heizer und Passagiere springen herüber; Ich habe nie erlebt, dass ein Seemann so etwas getan hätte, weder betrunken noch nüchtern. Ja, es heißt, es sei auf harten Schiffen passiert, aber ich selbst habe nie einen Fall gekannt. Hin und wieder wird ein Mann herausgefischt, wenn es einfach zu spät ist, und stirbt im Boot, bevor man ihn an Bord bringen kann, und – nun ja, ich weiß nicht, ob ich diese Geschichte jemals erzählt habe, seitdem sie passiert ist – ich wusste es ein Kerl, der hinüberging und tot zurückkam. Ich habe ihn nicht gesehen, nachdem er zurückgekommen war; Nur einer von uns wusste es, aber wir wussten alle, dass er da war.

Nein, ich gebe Ihnen keine „Haie". In dieser Geschichte gibt es keinen Hai, und ich weiß nicht, ob ich sie überhaupt erzählen würde, wenn wir nicht allein wären, nur du und ich. Aber du und ich haben an verschiedenen Orten Dinge gesehen, und vielleicht wirst du es auch tun verstehen. Wie auch immer, Sie wissen, dass ich sage, was ich weiß, und nichts anderes; Und seitdem es passiert ist, habe ich daran gedacht, es Ihnen zu sagen, aber es gab keine Chance.

Es ist eine lange Geschichte, und es hat einige Zeit gedauert, bis sie passiert ist. und es begann, soweit ich mich erinnern kann, vor vielen Jahren, im Oktober. Ich war damals Kumpel; Ungefähr drei Jahre später bestand ich das örtliche Marine Board als Kapitän. Sie war die *Helen B. Jackson* aus New

York, mit Holz für die Westindischen Inseln, Viermastschoner, Captain Hackstaff . Sie war schon damals altmodisch – kein Dampfesel und alles musste von Hand erledigt werden. Sie erinnern sich, dass es damals noch Seeleute in der Küstenschifffahrt gab. Sie war kein hartes Schiff, denn der alte Mann war besser als die meisten von ihnen, obwohl er zurückhaltend war und ein Gesicht wie ein Schraubenschlüssel hatte. Insgesamt waren wir dreizehn in der Schiffsbesatzung; und einige von ihnen dachten später, das könnte etwas damit zu tun haben, aber als ich ein Junge war, wurde mir dieser ganze Unsinn aus dem Leib geschlagen. Ich will damit nicht sagen, dass ich an einem Freitag gerne zur See fahre, aber ich *bin* an einem Freitag zur See gefahren , und es ist nichts passiert; und zweimal zuvor waren wir dreizehn, weil einer der Helfer im letzten Moment nicht auftauchte, und es passierte auch nie etwas – nichts Schlimmeres als der Verlust von ein oder zwei leichten Spieren oder einer kleinen Leinwand. Wann immer ich Schiffbruch erlitt, sind wir so fröhlich gesegelt, wie Sie wollten – keine Dreizehner, keine Freitage, keine toten Männer im Laderaum. Ich glaube, das passiert im Allgemeinen so.

Ich wage zu behaupten, dass Sie sich an die beiden Benton-Jungs erinnern, die sich so ähnlich waren? Kein Wunder, denn sie waren Zwillingsbrüder. Sie sind als Jungen mit uns auf der alten *Boston Belle gefahren* , als du Kumpel warst und ich vor dem Mast war. Selbst damals war ich mir nie ganz sicher, welches von beiden das war; und als sie beide Bärte hatten, war es schwieriger denn je, sie voneinander zu unterscheiden. Einer war Jim und der andere war Jack; James Benton und John Benton. Der einzige Unterschied, den ich jemals erkennen konnte, war, dass der eine etwas fröhlicher und zum Reden geneigter zu sein schien als der andere; aber da konnte man sich nicht einmal sicher sein. Vielleicht hatten sie Launen. Jedenfalls gab es einen von ihnen, der immer pfiff, wenn er allein war. Er kannte nur eine Melodie, und das war „Nancy Lee", und der andere kannte überhaupt keine Melodie; aber da kann es sein, dass ich mich auch irre. Vielleicht wussten sie es beide.

Helen B. Jackson aufgetaucht . Sie waren seit der *Boston Belle auf einem halben Dutzend Schiffen gewesen* , und sie waren erwachsen geworden und gute Seeleute. Sie hatten rötliche Bärte und strahlend blaue Augen und sommersprossige Gesichter; und sie waren ruhige Kerle, gute Arbeiter am Takelwerk, ziemlich willig, und beide gute Männer am Steuer. Es gelang ihnen, in derselben Wache zu sein – es war die Backbordwache auf der *Helen B.* , und das war meine, und ich hatte großes Vertrauen in sie beide. Wenn es in der Luft eine Arbeit gab, die zwei Hände erforderte, waren sie immer die Ersten, die in die Takelage sprangen; Aber das kommt auf einem Längsschoner nicht oft vor. Wenn es wehte und das Klüversegel eingeholt werden sollte, störte es sie nicht, wenn es durchnässt wurde, und sie waren am Bugsprietende draußen, bevor eine Hand am Niederliek war. Die Männer mochten sie aus diesem Grund und weil sie sich nicht darüber hermachten, was sie konnten. Ich erinnere mich an einen Tag , an dem sich bei einem Reffvorgang das Unterliek trennte und von der Spitze des Spankers an Deck stürzte. Als das Wetter nachließ und wir die Riffe abschüttelten, geriet der Niederholer in Vergessenheit, bis uns zufällig der Gedanke kam, dass wir ihn bald wieder brauchen könnten. Es herrschte etwas Seegang, der Ausleger war ausgeschaltet und die Gaffel schlug zu. Einer dieser Benton-Jungs saß am Steuer, und bevor ich wusste, was er tat, war der andere mit dem Ende des neuen Niederholers auf der Gaffel und versuchte, ihn durch seinen Block zu ziehen. Der Steuermann beobachtete ihn und wurde ganz weiß wie Käse. Der andere schwankte am Gaffelende herum, und jedes Mal, wenn sie nach Lee rollte , kam er mit einem Ruck hoch, der alles andere als einen Affen in den Weltraum geschleudert hätte. Aber er ließ es nicht, bis er das neue Seil durchgezogen hatte , und er kam gut zurück. Ich glaube, es war Jack am Steuer; derjenige, der fröhlicher schien, der , der „Nancy Lee" pfiff. Er hätte die Arbeit lieber selbst erledigt, als seinem Bruder dabei zuzusehen, und er sah verängstigt aus; aber er hielt sie in der Dünung so ruhig wie möglich und holte tief Luft, als Jim sich zum Peak- Halliard- Block zurückgearbeitet hatte und etwas hatte, woran er sich festhalten konnte. Ich glaube, es war Jim.

Sie waren auch gut gekleidet und auf dem Vorschiff waren sie ordentliche und saubere Männer. Ich wusste, dass sie an Land niemanden hatten, der ihnen gehörte – keine Mutter, keine Schwestern und keine Frauen; aber irgendwie sahen sie beide so aus, als ob eine Frau sie ab und zu überholt hätte. Ich erinnere mich, dass zwischen ihnen eine kleine Tüte lag, in der sich der Fingerhut einer Frau befand. Einer der Männer sagte ihnen etwas darüber und sie sahen sich an; und einer lächelte, der andere jedoch nicht. Die meisten ihrer Kleidungsstücke waren gleich, aber sie hatten eine rote Guernsey-Kleidung dazwischen. Eine Zeit lang dachte ich, es wäre immer derselbe, der es trug, und ich dachte, das könnte eine Möglichkeit sein, sie zu unterscheiden. Aber dann hörte ich, wie einer den anderen danach fragte und sagte, dass der andere es zuletzt getragen habe. Das war also auch kein Zeichen. Der Koch war ein Westindianer namens James Lawley; Sein Vater war gehängt worden, weil er Lichter in Kokosnussbäumen angebracht hatte , wo sie nicht hingehören. Aber er war ein guter Koch und verstand sein Handwerk; und es gab nicht jeden Sonntag Suppe und Schlägerei und Hundeleiche. Das ist es, was ich sagen wollte. Am Sonntag nannte der Koch die beiden Jungen Jim, und an Wochentagen nannte er sie Jack. Er pflegte zu sagen, dass er manchmal Recht haben muss, wenn er das tut, denn selbst die Zeiger einer bemalten Uhr zeigen zweimal am Tag richtig.

Was mich dazu brachte, nach einer Möglichkeit zu suchen, die Bentons auseinanderzuhalten, war folgendes. Ich hörte sie über ein Mädchen reden. Es war Nacht, während wir Wache hielten, und der Wind hatte uns ziemlich plötzlich etwas abgelenkt, und als wir die Focks flachgelegt hatten, holten wir die Marssegel ein, während die beiden Benton-Jungs die Spankerschot achtern holten. Einer von ihnen war am Ruder. Ich selbst rollte das Untersegel des Besanmarssegels herunter und wollte gerade nach achtern gehen, um zu sehen, wie es hochfuhr, als ich anhielt, um auf ein Licht zu schauen, und mich gegen das Deckshaus lehnte. Während ich dort stand, hörte ich die beiden Jungen reden. Es klang, als hätten sie schon einmal über dasselbe geredet, und soweit ich es beurteilen konnte, gehörte die Stimme, die ich zuerst hörte, demjenigen, der nicht ganz so fröhlich war wie der andere – demjenigen, der Jim war, wenn man es wusste was er war.

„Weiß Mamie es?" Fragte Jim.

„Noch nicht", antwortete Jack leise. Er saß am Steuer. „Ich habe vor, es ihr das nächste Mal zu sagen, wenn wir nach Hause kommen."

"In Ordnung."

Das war alles, was ich hörte, denn ich hatte keine Lust, da zu stehen und zuzuhören, während sie über ihre eigenen Angelegenheiten redeten; Also ging ich nach achtern, um in die Hütte zu schauen, und sagte dem Mann am Ruder, er solle es so lange belassen, wie es ihm möglich war, denn ich dachte, der Wind würde bald wieder auffrischen, und auf der Leeseite befand sich Land. Als er antwortete, klang seine Stimme irgendwie nicht wie die fröhliche. Vielleicht hatte sein Bruder während des Gesprächs das Lenkrad abgenommen, aber was ich gehört hatte, ließ mich fragen, wer von ihnen wohl ein Mädchen zu Hause hatte. Bei schönem Wetter bleibt viel Zeit zum Staunen auf einem Schoner.

Danach glaubte ich zu bemerken, dass die beiden Brüder stiller waren, wenn sie zusammen waren. Vielleicht vermuteten sie, dass ich in dieser Nacht etwas belauscht hatte, und schwiegen, wenn ich in der Nähe war. Manche Männer hätten sich einen Spaß damit gemacht, sie einzeln über das Mädchen zu Hause zu ärgern, und ich nehme an, wer auch immer es war, hätte die Katze aus dem Sack gelassen, wenn ich das getan hätte. Aber irgendwie gefiel es mir nicht. Ja, ich hatte damals selbst darüber nachgedacht, zu heiraten, also hatte ich eine Art Mitgefühl, was auch immer es war, das mich dazu brachte, ihn nicht auf die Palme zu bringen.

Sie redeten nicht viel, so kam es mir vor; aber bei schönem Wetter, wenn es nachts nichts zu tun gab und der eine steuerte, hing der andere ewig herum, als warte er darauf, das Steuer abzunehmen, obwohl er, wenn ich mich darum gekümmert hätte, ein ruhiges Nickerchen hätte machen können Wetter. Oder wenn einer am Aussichtspunkt an der Reihe war, saß der andere neben ihm auf einem Anker. Einer hielt sich in der Nähe des anderen auf, nachts mehr als tagsüber. Ich bemerkte, dass. Sie saßen gern auf diesem Anker und verstauten im Allgemeinen ihre Pfeifen darunter, denn die *Helen B.* war bei fast jedem Wetter ein trockenes Boot, und wie die meisten Vorher-Nachher-Fahrten war es bei Wind besser, als frei zu fahren. Bei breitem Seegang schifften wir manchmal etwas Wasser nach achtern ein. Wir waren auf dieser Reise jedenfalls am Heck, und das ist einer der Gründe, warum wir den Mann verloren haben.

Wir gerieten in einen Südsturm, zunächst südöstlich; und dann begann das Barometer zu sinken, während man es beobachten konnte, und von Süden her begann eine lange Dünung aufzusteigen . Ein paar Monate zuvor hätten wir vielleicht einen Zyklon erlebt, aber in diesen Gewässern herrscht „überall Oktober", wie Sie besser wissen als ich. Es wollte einfach wehen, und dann würde es regnen, das war alles ; und wir hatten genügend Zeit, alles gemütlich zu machen, bevor es heftig wehte. Nach Sonnenuntergang wehte es stärker, und als es ganz dunkel war, herrschte heftiger Sturm. Wir hatten das Segel dafür gekürzt, aber da wir am Heck waren , trugen wir das Spanker-Segel dicht gerefft anstelle des Sturm-Trysegels. Solange wir nicht lenken mussten, ließ sie sich besser steuern . Ich hatte die erste Wache mit den Benton-Jungs, und wir waren noch keine Stunde an Deck, als ein Kind hätte erkennen können, dass das Wetter es ernst meinte.

Der alte Mann kam an Deck, sah sich um und forderte uns in weniger als einer Minute auf, ihr das Trysegel zu geben. Das bedeutete, mich anzustrengen, und ich war froh darüber; Denn obwohl die *Helen B. ein recht gutes Schiff war, war sie bei* weitem kein neues Schiff , und es nützte ihr nichts, sie bei diesem Wetter zu fahren. Ich fragte, ob ich alle Mann rufen sollte, aber gerade dann kam der Koch nach achtern, und der alte Mann sagte, er glaube, wir könnten die Arbeit schaffen, ohne die Schläfer zu wecken, und das Trysegel sei an Deck bereits griffbereit, denn damit hätten wir nicht gerechnet irgendetwas Besseres. Wir waren natürlich alle in Ölzeug gekleidet, und die Nacht war so schwarz wie ein Kohlenbergwerk, nur ein Lichtstrahl fiel durch den Schlitz im Turmschild, und man konnte einen Mann nur an seiner Stimme vom anderen unterscheiden. Der alte Mann übernahm das Steuer; Wir bekamen die Sperre mittschiffs, und er drückte sie in den Wind, bis sie kaum noch Weg hatte. Es wehte jetzt, und ich und zwei andere konnten nur mit größter Anstrengung in den Durchhang des Unterlieks gelangen, während die anderen an der Spitze und am Hals absenkten und wir alle Hände voll zu tun hatten, um ein paar Kurven um den Wind zu machen nasses Segel. Im Vergleich zum Reffen der Marssegel bei jedem Wetter ist das auf dem Vor- und Nachher ein Kinderspiel , aber die Ausrüstung eines Schoners macht manchmal unhandliche Dinge, die man nicht erwartet, und diese ewig langen Fallen geraten überall in Konflikt, wenn sie abdriften . Ich erinnere mich, dass ich darüber nachgedacht habe, wie unpraktisch dieser spezielle Job war. Jemand hakte den Kehl- Halliard- Block aus und glaubte, er hätte ihn in den Kopfring des Trysegels eingehängt, und rief zum Hochheben, aber er hatte ihn im Dunkeln übersehen, und der schwere Block flog in die Lee-Takelage. und hätte ihn beinahe getötet, als es mit der Wetterrolle zurückschwang. Dann hob der alte Mann sie in den Wind, bis der Ausleger wie Donner bebte; dann hielt er sie zurück, und sie ging los, sobald sich die Vorsegel füllten, und ohne den Spanker konnte er sie nicht wieder zurückholen. Dann machte die *Helen B. ihren* Lieblingstrick , und bevor wir Zeit hatten, viel zu sagen, hatten wir die See über dem Viertel und standen uns bis zur Hüfte, die Parrels des Trysegels waren nur halb um den Mast geschnürt und das Deck so voll von der Ausrüstung, die man mit dem Fuß nicht auf ein Brett setzen konnte, und der Spanker, der wieder ins Straucheln gerät, weil er schlecht gestoppt wurde, und die allgemeine Verwirrung und höllische Freude, die man nur bei einem Vorher -Nachher haben kann, wenn es wirklich nichts gibt ernst die Sache. Natürlich möchte ich nicht sagen, dass der alte Mann seinen Trick nicht genauso gut hätte steuern können wie Sie oder ich oder irgendein anderer Seemann; aber ich glaube nicht, dass er bis dahin jemals an Bord der *Helen B. gewesen war oder seine Hand am Steuerrad hatte;* und er kannte ihre Wege nicht. Ich möchte nicht sagen, dass das, was passiert ist, seine Schuld war. Ich weiß nicht, wessen Schuld es war. Vielleicht war niemand schuld. Aber ich wusste, dass irgendwo an Bord etwas passiert ist, als wir das Meer verschifft haben, und das geht mir nie mehr aus dem Kopf. Ich hatte selbst keine Zeit, denn ich war damit beschäftigt, den Rest des Trysails an den Mast zu bringen. Wir befanden uns auf Steuerbordseite, und die Kehlbard kam wie üblich nach Backbord, und ich vermute, dass mindestens drei Männer dabei waren, sie hochzuheben, während ich an den Ankern war.

Jetzt werde ich Ihnen etwas sagen. Du hast mich, Mann und Junge, auf mehreren Reisen gekannt; und du bist älter als ich; und du warst mir immer ein guter Freund. Glauben Sie, dass ich der Typ bin, der meint, Dinge zu hören, wo es nichts zu hören gibt, oder der meint, Dinge zu sehen, obwohl es nichts zu sehen gibt? Nein, das tust du nicht. Danke schön. Nun, ich hatte den letzten Korb passiert, und ich rief den Männern zu, sie sollten wegschwenken, und ich stand auf den Backen der Spankergaffel, mit meiner linken Hand am Spanntau des Trysegels, so dass ich Ich konnte spüren, wie das Brett gespannt war, und ich dachte an nichts außer daran, froh zu sein, dass die Arbeit vorbei war und dass wir sie hochheben würden. Es war so schwarz wie eine Kohlentasche, nur dass man die Streifen auf dem Meer sehen konnte, wenn es vorbeizog, und hinter dem Deckshaus konnte ich den Lichtstrahl von der Hütte auf dem gelben Ölzeug des Kapitäns sehen, als er dort stand das Rad – oder besser gesagt, ich hätte es vielleicht gesehen, wenn ich mich in diesem Moment umgesehen hätte. Aber ich schaute mich nicht um. Ich hörte einen Mann pfeifen. Es war „Nancy Lee", und ich hätte schwören können, dass der Mann direkt über meinem Kopf im Kreuzbaum stand. Nur irgendwie wusste ich ganz genau, dass, wenn irgendjemand dort oben gewesen sein und eine Melodie hätte pfeifen können, es damals an Deck keine lebenden Ohren gab, die scharf genug waren, um sie zu hören. Ich hörte es deutlich, und gleichzeitig hörte ich das echte Pfeifen des Windes in der Wettertakelung, scharf und klar wie die Dampfpfeife auf einem Dago-Erdnusskarren in New York. Das war in Ordnung, so sollte es sein; aber das andere hatte nicht recht; und ich fühlte mich seltsam und steif, als könnte ich mich nicht bewegen, und meine Haare kräuselten sich gegen das Flanellfutter meines Südwesters, und ich dachte, jemand hätte einen Eisklumpen auf meinen Rücken fallen lassen.

Ich sagte, dass das Geräusch des Windes in der Takelage echt sei, als ob es das andere nicht gäbe, denn ich hatte das Gefühl, dass es das nicht war, obwohl ich es hörte. Aber es war trotzdem so; denn der Kapitän hörte es auch. Als ich kam, um das Steuer abzulösen, während die Männer Decks aufräumten, fluchte er. Er war ein ruhiger Mann, und ich hatte ihn vorher noch nie fluchen hören, und ich glaube nicht, dass ich es noch einmal getan habe, obwohl danach einige seltsame Dinge passierten. Vielleicht sagte er damals alles, was er zu sagen hatte; Ich verstehe nicht, wie er noch mehr hätte sagen können. Früher dachte ich, niemand könne wie ein Däne fluchen, außer einem Neapolitaner oder einem Südamerikaner; Aber als ich den alten Mann gehört hatte, änderte ich meine Meinung. Es gibt nichts zu Wasser oder an Land, das einen Ihrer ruhigen amerikanischen Kapitäne schlagen könnte, wenn er auf diesem Kurs davonkommt. Ich musste ihn nicht fragen, was los war, denn ich wusste, dass er „Nancy Lee" gehört hatte, genau wie ich, nur dass es uns anders berührte.

Er gab mir nicht das Steuerrad, sondern sagte mir, ich solle vorwärts gehen und die zweite Motorhaube vom Stagsegel holen, damit ich es besser oben halten könne. Als wir uns dem Laken näherten, als es fertig war, stieß der Mann neben mir seinen Südwester gegen meine Schulter, und sein Gesicht kam so nah an mich heran, dass ich es im Dunkeln sehen konnte. Für mich muss es sehr weiß gewesen sein, aber daran habe ich erst im Nachhinein gedacht. Ich verstehe nicht, wie irgendein Licht darauf hätte fallen können, aber ich wusste, dass es einer der Benton-Jungs war. Ich weiß nicht, warum ich mit ihm gesprochen habe. „Hallo, Jim! Bist du das?" Ich fragte. Ich weiß nicht, warum ich Jim und nicht Jack gesagt habe.

„Ich bin Jack", antwortete er. Wir haben alles schnell gemacht, und es war viel ruhiger.

„Der alte Mann hat gerade gehört, wie du ‚Nancy Lee' gepfiffen hast", sagte ich, „und es gefiel ihm nicht."

Es war, als ob ein weißes Licht in seinem Gesicht wäre, und es war grässlich. Ich weiß, dass seine Zähne klapperten. Aber er sagte nichts, und im nächsten

Moment befand er sich irgendwo im Dunkeln und versuchte, seinen Südwester am Fuß des Mastes zu finden.

Als alles ruhig war und das Schiff sich in Bewegung setzte, regelmäßig wie ein Pendel zu seinen vier Spitzen kam und wieder von ihnen abfiel, und das Ruder ein wenig nach Lee schlug, drehte der alte Mann wieder um, und es gelang mir, eine Pfeife anzuzünden im Windschatten des Deckshauses, denn es gab nichts mehr zu tun, bis der Sturm nachließ und das Schiff so ruhig lag wie ein Baby in seiner Wiege. Natürlich war der Koch nach unten gegangen, wie er es vielleicht eine Stunde zuvor getan hätte; wir sollten also zu viert Wache halten. Da war ein Mann am Ausguck, und da war eine Hand am Steuer, obwohl es keine Steuerung gab, und ich hatte meine Pfeife im Windschatten des Deckshauses, und der vierte Mann war irgendwo auf dem Deck, wahrscheinlich auch eine rauchen. Ich dachte, einige Skipper, mit denen ich gesegelt war, hätten die Wache achtern gerufen und ihnen nach dieser Arbeit etwas zu trinken gegeben, aber es war nicht kalt, und ich vermutete, dass unser alter Herr in dieser Hinsicht nicht besonders großzügig sein würde. Meine Hände und Füße waren glühend heiß, und es würde Zeit genug sein, trockene Kleidung anzuziehen, wenn ich unten Wache hielt; Also blieb ich, wo ich war, und rauchte. Aber nach und nach, da es so ruhig war, begann ich mich zu fragen, warum sich an Deck niemand bewegte; einfach so ein ruheloses Verlangen, wissen zu wollen, wo jeder Mensch ist, das man manchmal in einem Sturm in einer dunklen Nacht verspürt. Als ich meine Pfeife ausgetrunken hatte, begann ich mich zu bewegen. Ich ging nach achtern, und da war ein Mann, der sich über das Steuerrad beugte, mit gespreizten Beinen und beiden Händen, die in das Licht der Zinne hingen, und seinen Südwester über seinen Augen. Dann ging ich vorwärts, und da stand ein Mann am Ausguck, der mit dem Rücken zum Fockmast lehnte und vor dem Stagsegel so viel Schutz suchte, wie er konnte. Anhand seiner geringen Größe wusste ich, dass er nicht zu den Benton-Jungs gehörte. Dann ging ich um die Wetterseite herum und stöberte im Dunkeln herum, denn ich begann mich zu fragen, wo der andere Mann war. Aber ich konnte ihn nicht finden, obwohl ich die Decks absuchte, bis ich wieder ganz hinten war. Es war sicherlich einer der Benton-Jungs, der fehlte, aber es sah keinem von beiden zu, bei so warmem Wetter nach unten zu gehen, um sich umzuziehen. Der Mann am Steuer war natürlich der andere. Ich habe mit ihm gesprochen.

„Jim, was ist aus deinem Bruder geworden?“

„Ich bin Jack, Sir.“

„Na, Jack, wo ist Jim? Er ist nicht an Deck.“

„Ich weiß es nicht, Sir.“

ihn zukam, war er aus Instinkt aufgestanden und hatte seine Hände auf die Speichen gelegt, als würde er lenken, obwohl das Rad festgezurrt war; aber er beugte sein Gesicht immer noch nach unten, und es war halb von der Kante seines Südwesters verdeckt, während er auf den Kompass zu starren schien. Er sprach mit sehr leiser Stimme, aber das war natürlich, denn der Kapitän hatte seine Tür offen gelassen, als er eintrat, da es trotz des Sturms eine warme Nacht war und jetzt keine Angst davor bestand, noch mehr Wasser zu schiffen.

„Was hat dich dazu gebracht, so zu pfeifen, Jack? Du warst lange genug auf See, um es besser zu wissen."

Er sagte etwas, aber ich konnte die Worte nicht verstehen; es klang, als würde er den Vorwurf abstreiten.

„Jemand hat gepfiffen", sagte ich.

Er antwortete nicht, und dann, ich weiß nicht warum, vielleicht weil der alte Mann uns nichts zu trinken gegeben hatte, schnitt ich einen halben Zoll von dem Tabakstopfen ab, den ich in meiner Ölzeugtasche hatte, und gab ihn ihm ihn. Er wusste, dass mein Tabak gut war, und schob ihn sich mit einem Dankeswort in den Mund. Ich war auf der Wetterseite.

„Gehen Sie weiter und sehen Sie, ob Sie Jim finden können", sagte ich.

Er zuckte ein wenig zusammen, trat dann zurück, ging hinter mir vorbei und ging an der Wetterseite entlang. Vielleicht hatte mich sein Schweigen über das Pfeifen geärgert, und weil er es für selbstverständlich hielt, dass er weitermachen könne, wie er wollte, weil wir in der Luft waren und es eine dunkle Nacht war. Wie dem auch sei, ich habe ihn aufgehalten, obwohl ich recht gutmütig gesprochen habe.

„Gehen Sie nach Lee, Jack", sagte ich.

Er antwortete nicht, sondern überquerte das Deck zwischen der Hütte und dem Deckshaus zur Leeseite. Sie fiel nur ab und kam wieder zu sich und segelte so leicht wie möglich über die große See, aber der Mann war nicht sicher auf den Beinen und taumelte gegen die Ecke des Deckshauses und dann gegen die Leereling. Ich war mir ziemlich sicher, dass er nichts getrunken haben konnte, denn keiner der Brüder war der Typ, der Rum vor seinen Schiffskameraden versteckte, wenn sie welche hatten, und die einzigen Geister, die sich an Bord befanden, waren in der Kapitänskajüte eingesperrt. Ich fragte mich, ob er von der Hals -Hallard- Blockade getroffen und verletzt worden war.

Ich verließ das Steuerrad und ging ihm nach, aber als ich an der Ecke des Deckshauses ankam, sah ich, dass er mit Volldampf vorwärts lief, also ging ich zurück. Ich beobachtete eine Weile den Kompass, um zu sehen, wie weit sie sich entfernte, und sie musste ein halbes Dutzend Mal wieder zurückgekommen sein, bevor ich Stimmen hörte, mehr als drei oder vier, vorwärts; und dann hörte ich die Stimme des kleinen Kochs aus Westindien, hoch und schrill über allen anderen: –

"Mann über Bord!"

Da das Schiff angehoben und das Rad festgezurrt war, gab es nichts zu tun. Wenn ein Mann über Bord ging, musste er sich direkt nebenan im Wasser befinden. Ich konnte mir nicht vorstellen, wie das passieren konnte, aber ich rannte instinktiv vorwärts. Zuerst traf ich auf den Koch, halb bekleidet mit Hemd und Hose, gerade als er aus seiner Koje gefallen war. Er sprang in die Haupttakelung und hoffte offensichtlich, den Mann zu sehen, als ob irgendjemand in einer solchen Nacht irgendetwas hätte sehen können, außer den Schaumstreifen auf dem schwarzen Wasser und ab und zu dem Kräuseln einer brechenden See ging weg nach Lee. Mehrere der Männer spähten über die Reling in die Dunkelheit. Ich packte den Koch am Fuß und fragte, wer weg sei.

„Es ist Jim Benton", rief er mir zu. „Er ist nicht an Bord dieses Schiffes!"

Daran bestand kein Zweifel. Jim Benton war weg; und ich wusste blitzschnell, dass er von diesem Meer mitgenommen worden war, als wir das Sturm-Trysegel setzten. Seitdem ist fast eine halbe Stunde vergangen; Sie war ein paar Minuten lang wie wild gerannt, bis wir sie an Land gezogen hatten, und kein Schwimmer, der jemals geschwommen war, hätte in einem solchen Meer so lange überleben können. Die Männer wussten es genauso gut wie ich, aber sie starrten trotzdem in den Schaum, als hätten sie irgendeine Chance, den verlorenen Mann zu sehen. Ich ließ den Koch in die Takelage steigen, gesellte mich zu den Männern und fragte, ob sie eine gründliche Suche an Bord durchgeführt hätten, obwohl ich wusste, dass sie dies getan hatten und dass es nicht lange dauern konnte, denn er war nicht an Deck, und es gab nur eine das Vorschiff unten.

„Das Meer hat ihn übernommen, Sir, so sicher, wie Sie geboren sind", sagte einer der Männer dicht neben mir.

Wir hatten natürlich kein Boot, das in diesem Meer hätte leben können, und das wussten wir alle. Ich bot an, eines davon umzulegen und es zwei oder drei Kabellängen an einer Leine rückwärts treiben zu lassen, wenn die Männer glaubten, sie könnten mich wieder an Bord ziehen; aber keiner von ihnen wollte darauf hören, und ich wäre wahrscheinlich ertrunken, wenn ich es versucht hätte, selbst mit einem Rettungsgürtel; denn es war ein brechendes Meer. Außerdem wussten sie alle genauso gut wie ich, dass der Mann nicht in unserer Spur sein konnte. Ich weiß nicht, warum ich noch einmal gesprochen habe. „Jack Benton, bist du da? Wirst du gehen, wenn ich will?"

„Nein, Sir", antwortete eine Stimme; und das war alles.

Inzwischen war der alte Mann an Deck und ich spürte seine Hand ziemlich grob auf meiner Schulter, als ob er mich schütteln wollte.

„Ich hatte gedacht, Sie hätten mehr Verstand, Herr Torkeldsen ", sagte er. „Gott weiß, ich würde mein Schiff riskieren, um nach ihm zu suchen, wenn es einen Nutzen hätte; aber er muss vor einer halben Stunde gegangen sein."

Er war ein ruhiger Mann, und die Männer wussten, dass er Recht hatte und dass sie Jim Benton zum letzten Mal gesehen hatten, als sie das Trysegel spannten – falls ihn damals jemand gesehen hatte. Der Kapitän ging wieder nach unten, und einige Zeit lang standen die Männer um Jack herum, ganz in seiner Nähe, ohne etwas zu sagen, wie es Matrosen tun, wenn sie Mitleid mit einem Mann haben und ihm nicht helfen können; und dann stellte sich unten die Wache wieder ein, und wir waren zu dritt an Deck.

Niemand kann verstehen, dass eine Beerdigung viel Trost spenden kann, es sei denn, er hat das leere Gefühl verspürt, das entsteht, wenn jemand, den alle mögen, übertrieben ist. Ich nehme an, die Landbewohner denken, es wäre einfacher, wenn sie ihre Väter, Mütter und Freunde nicht begraben müssten; aber das wäre nicht der Fall. Irgendwie hält die Beerdigung die Idee von etwas darüber hinaus aufrecht. Vielleicht glauben Sie trotzdem an etwas; Aber ein Mann, der im Dunkeln zwischen zwei Meeren gegangen ist, ohne zu schreien, scheint viel unerreichbarer zu sein, als wenn er noch auf seinem Bett liegen würde und gerade erst aufgehört hätte zu atmen. Vielleicht wusste Jim Benton das und wollte zu uns zurückkommen. Ich weiß es nicht, und ich erzähle Ihnen nur, was passiert ist, und Sie können denken, was Sie wollen.

Jack blieb in dieser Nacht am Steuer, bis die Wache vorbei war. Ich weiß nicht, ob er danach schlief, aber als ich vier Stunden später an Deck kam, war er wieder da, in seinem Ölzeug, den Südwester über den Augen, und starrte in die Kabine. Wir sahen, dass er lieber da stehen blieb und ließen ihn in Ruhe. Vielleicht war es für ihn ein Trost, diesen Lichtstrahl zu bekommen, als alles so dunkel war. Es begann auch zu regnen, wie das passieren kann, wenn ein Südsturm losbricht, und wir holten jeden Eimer und jede Wanne an Bord und stellten sie unter die Sperrbäume, um frisches Wasser zum Waschen unserer Kleidung aufzufangen. Der Regen machte es sehr dicht, und ich stellte mich unter das Lee des Stagsegels und schaute hinaus. Ich merkte, dass der Tag anbrach, weil der Schaum in der Dunkelheit dort, wo das Meer aufragte, weißer war und nach und nach der schwarze Regen grau und dampfig wurde, und ich konnte den roten Glanz des Backbordlichts auf dem Wasser nicht erkennen, als ich es tat Sie ging los und rollte nach Lee.

Der Sturm hatte deutlich nachgelassen, und in einer weiteren Stunde sollten wir wieder unterwegs sein. Ich stand immer noch da, als Jack Benton nach vorne kam. Er blieb ein paar Minuten in meiner Nähe stehen. Der Regen prasselte in dicken Strömen nieder, und ich konnte auch seinen nassen Bart und einen Winkel seiner Wange sehen, die im Morgengrauen grau waren. Dann bückte er sich und begann unter dem Anker nach seiner Pfeife zu suchen. Wir hatten kaum Wasser nach vorne transportiert, und ich nehme an, er hatte eine Möglichkeit, das Rohr einzustecken, damit der Regen es nicht abschwemmte. Dann kam er wieder auf die Beine und ich sah, dass er zwei Pfeifen in der Hand hielt. Einer von ihnen gehörte seinem Bruder, und nachdem er sie einen Moment lang betrachtet hatte, vermute ich, dass er seinen eigenen erkannte , denn er steckte ihn in den Mund, von dem Wasser triefte. Dann blickte er den anderen eine Minute lang bewegungslos an. Ich nehme an, als er sich entschieden hatte, warf er es leise über die Leereling, ohne sich auch nur umzudrehen, um zu sehen, ob ich ihn beobachtete. Ich fand es schade, denn es war eine gute Holzpfeife mit einer Nickelhülse, und jemand hätte sie gern gehabt. Aber ich wollte keine Bemerkung machen, denn er hatte das Recht, mit dem, was seinem toten Bruder gehört hatte, zu tun, was er wollte. Er blies das Wasser aus seiner eigenen Pfeife, trocknete es an seiner Jacke und steckte seine Hand in sein Ölzeug. Er füllte es, indem er im Windschatten des Fockmastes stand, zündete sich an, nachdem er zwei oder drei Streichhölzer verschwendet hatte, und drehte die Pfeife mit den Zähnen um, um den Regen aus der Schüssel fernzuhalten. Ich weiß nicht, warum mir alles aufgefallen ist, was er getan hat, und erinnere mich jetzt daran; aber irgendwie tat er mir leid und ich fragte mich immer wieder, ob ich irgendetwas sagen könnte, das ihm ein besseres Gefühl geben würde. Aber mir fiel nichts ein, und da es heller Tag war, ging ich wieder nach achtern, denn ich vermutete, dass der alte Mann bald herauskommen und den Spanker anordnen und das Ruder hochfahren lassen würde. Aber er kam erst nach sieben Glockenschlägen heraus, gerade als die Wolken aufbrachen und auf der Leeseite blauen Himmel zeigten – „das Barometer des Franzosen", wie Sie es früher nannten.

Manche Menschen scheinen nicht so tot zu sein, wenn sie tot sind, wie andere. Jim Benton war so. Er hatte unter meiner Aufsicht gestanden, und ich konnte mich nicht mit dem Gedanken abfinden, dass es ihm nicht um Decks mit mir ging. Ich hatte immer erwartet, ihn zu sehen, und sein Bruder war ihm so ähnlich, dass ich oft das Gefühl hatte, ihn tatsächlich zu sehen und vergaß, dass er tot war, und den Fehler machte, Jack bei seinem Namen zu nennen; obwohl ich versuchte, es nicht zu tun, weil ich wusste, dass es wehtun musste. Wenn Jack jemals der Fröhliche von beiden gewesen war, wie ich immer angenommen hatte, hatte er sich sehr verändert, denn er wurde schweigsamer als Jim es jemals gewesen war.

Eines schönen Nachmittags saß ich auf der Hauptluke und überholte das Uhrwerk des Heckbalkens, das sich in letzter Zeit nicht besonders gut bewährt hatte, und ich ließ mir von der Köchin eine Kaffeetasse bringen, um sie aufzubewahren kleine Schrauben, als ich sie herausnahm, und eine Untertasse für das Spermaöl, das ich verwenden wollte. Ich bemerkte, dass er nicht wegging, sondern herumhing, ohne genau zu beobachten, was ich tat, als wollte er mir etwas sagen. Ich dachte, wenn es viel wert wäre , würde er es trotzdem sagen, also stellte ich ihm keine Fragen; und tatsächlich begann er bald von selbst. Es war niemand an Deck außer dem Mann am Steuer und dem anderen Mann weiter vorn.

„Herr Torkeldsen ", begann der Koch und hielt dann inne.

Ich nahm an, dass er mich bitten würde, die Wache ein Fass Mehl oder irgendein Salzpferd herausbrechen zu lassen.

„Na, Doktor?" Ich fragte, da er nicht weitersprach.

„Nun, Herr Torkeldsen ", antwortete er, „ich möchte Sie irgendwie fragen, ob Sie glauben, dass ich auf diesem Schiff Genugtuung gebe, oder nicht?"

„Soweit ich weiß, sind Sie das, Doktor. Ich habe keine Beschwerden vom Vorschiff gehört, und der Kapitän hat nichts gesagt, und ich denke, Sie verstehen Ihr Geschäft, und der Schiffsjunge platzt aus seinen Kleidern. Das sieht so aus, als würden Sie Genugtuung geben. Warum denken Sie, dass Sie es nicht sind?"

Ich bin nicht gut darin, Ihnen diesen Westindien-Talk zu erzählen, und ich werde es auch nicht versuchen; Aber der Arzt redete eine Weile um den heißen Brei herum und sagte mir dann, er glaube, die Männer würden anfangen, ihm einen Streich zu spielen, und es gefiel ihm nicht, und er dachte, er hätte es nicht verdient und würde gerne bei uns entlassen werden nächster Hafen. Ich sagte ihm natürlich von Anfang an, dass er ein ziemlicher Narr sei; und dass Männer eher dazu neigten, einen Witz mit einem Kerl zu machen, den sie mochten, als mit irgendjemandem, den sie loswerden wollten; es sei denn, es war ein schlechter Scherz, wie etwa seine Koje zu überfluten oder seine Stiefel mit Teer zu füllen. Aber es war kein Scherz dieser Art. Der Arzt sagte, dass die Männer versuchten, ihm Angst zu machen, was ihm nicht gefiel, und dass sie ihm Dinge in den Weg legten, die ihm Angst machten. Also sagte ich ihm, dass er sowieso verrückt sei, Angst zu haben, und ich wollte wissen, was sie ihm in den Weg stellten. Er gab mir eine seltsame Antwort. Er sagte, es seien Löffel und Gabeln und seltsame Teller und ab und zu eine Tasse und solche Dinge.

Ich legte den Baumstamm auf das Stück Segeltuch, das ich darunter gelegt hatte, und blickte den Arzt an. Er fühlte sich unruhig, seine Augen hatten einen gehetzten Ausdruck und sein gelbes Gesicht sah grau aus. Er versuchte nicht, Ärger zu machen. Er war in Schwierigkeiten. Also stellte ich ihm Fragen.

Er sagte, er könne so gut zählen wie jeder andere und rechnen, ohne seine Finger zu benutzen, aber wenn er nicht anders zählen könne, benutze er seine Finger, und es sei immer das Gleiche herausgekommen. Er sagte, als er und der Schiffsjunge nach dem Essen der Männer aufräumten, gäbe es mehr Dinge zu waschen, als er ausgegeben hatte. Es gab eine Gabel mehr oder einen Löffel mehr, und manchmal gab es einen Löffel und eine Gabel und immer einen Teller mehr. Es war nicht so, dass er sich darüber beschwert hätte. Bevor der arme Jim Benton verloren ging , mussten sie einen Mann mehr ernähren und seine Ausrüstung nach dem Essen abwaschen, und das stand im Vertrag, sagte der Arzt. Das wäre der Fall gewesen, wenn die Schiffsbesatzung zwanzig gewesen wäre; aber er hielt es nicht für richtig, dass die Männer solche Streiche spielten. Er hielt seine Sachen in Ordnung, und er zählte sie, und er war für sie verantwortlich, und es war nicht richtig, dass die Männer mehr Dinge nahmen, als sie brauchten, als er ihnen den Rücken zuwandte, und sie einfach beschmutzten und durcheinander brachten mit ihren eigenen, um ihn zum Nachdenken zu bringen –

Er blieb dort stehen und sah mich an, und ich sah ihn an. Ich wusste nicht, was er dachte, aber ich begann zu raten. Ich würde solch einen Unsinn nicht gutheißen , also sagte ich ihm, er solle selbst mit den Männern sprechen und mich nicht mit solchen Dingen belästigen.

„Zählen Sie die Teller, Gabeln und Löffel, die vor ihnen liegen, wenn sie sich an den Tisch setzen, und sagen Sie ihnen, dass das alles ist, was sie bekommen; und wenn sie fertig sind, zählen Sie die Dinge noch einmal, und wenn die Zählung nicht stimmt, finden Sie heraus, wer Ich habe es getan. Du weißt, dass es einer von ihnen sein muss. Du bist kein unerfahrener Mann, du bist seit zehn oder elf Jahren auf See und willst keine Lektion darüber, wie man sich verhält, wenn die Jungs einen Streich spielen Du."

„Wenn ich ihn fangen könnte“, sagte der Koch, „hätte ich ein Messer in ihn, bevor er seine Gebete sprechen könnte.“

Diese Männer aus Westindien reden immer über Messer, besonders wenn sie große Angst haben. Ich wusste, was er meinte, und fragte ihn nicht, sondern reinigte weiterhin die Messingzahnräder des Patentblocks und ölte die Lager mit einer Feder. „Wäre es nicht besser, es mit kochendem Wasser auszuwaschen, Sir?“ fragte der Koch in einem unterschmeichelnden Ton. Er wusste, dass er sich lächerlich gemacht hatte und wollte es unbedingt wieder gutmachen.

Von dem einen oder anderen Teller und der Ausrüstung hörte ich zwei oder drei Tage lang nichts mehr, obwohl ich viel über seine Geschichte nachdachte. Der Arzt glaubte offensichtlich, dass Jim Benton zurückgekehrt war, auch wenn er das nicht unbedingt sagen wollte. Seine Geschichte hatte an einem hellen Nachmittag bei schönem Wetter, als die Sonne auf dem Wasser stand, jeder Lappen im Wind wehte und das Meer so angenehm und harmlos aussah wie eine Katze, die gerade einen Kanarienvogel gefressen hat, ziemlich albern geklungen. Aber als es gegen Ende der ersten Wache war und der abnehmende Mond noch nicht aufgegangen war und das Wasser wie stilles Öl war und die Ausleger flach und hilflos herunterhingen wie die Flügel eines toten Vogels – da war es nicht so dann das Gleiche. Mehr als einmal habe ich dann angefangen und mich umgeschaut, als ein Fisch sprang, in der Erwartung, ein Gesicht mit geschlossenen Augen aus dem Wasser ragen zu sehen. Ich glaube, wir alle haben damals so etwas gespürt.

Eines Nachmittags haben wir den Fockschot-Wimpel mit einem frischen Service versehen. Es war nicht meine Uhr, aber ich stand da und schaute zu. In diesem Moment kam Jack Benton von unten herauf und machte sich auf die Suche nach seiner Pfeife unter dem Anker. Sein Gesicht war hart und abgespannt, und seine Augen waren kalt wie Stahlkugeln. Er sprach jetzt kaum noch, aber er tat seine Pflicht wie immer, und niemand musste sich über ihn beschweren, obwohl wir uns alle allmählich fragten, wie lange seine Trauer um seinen toten Bruder so anhalten würde. Ich beobachtete ihn, wie er sich hinhockte und mit der Hand in das Versteck für die Pfeife fuhr. Als er aufstand, hatte er zwei Pfeifen in der Hand.

Ich erinnere mich noch gut daran, wie er am frühen Morgen nach dem Sturm eine dieser Pfeifen wegwarf; und jetzt kam es zu mir, und ich nahm nicht an, dass er einen Vorrat davon unter dem Anker hatte. Ich erblickte sein Gesicht, und es war grünlichweiß, wie der Schaum auf seichtem Wasser, und er stand lange da und blickte auf die beiden Rohre. Er wollte nicht sehen, welche seine war, denn ich war keine fünf Meter von ihm entfernt, als er stand, und eine dieser Pfeifen war an diesem Tag geraucht worden und glänzte dort, wo seine Hand sie gerieben hatte, und das Mundstück aus Knochen glänzte an der Stelle, an der seine Zähne darauf gebissen hatten, war es weiß aufgescheuert. Der andere war voller Wasser. Es war geschwollen und rissig vor Nässe, und für mich sah es so aus, als ob sich ein wenig grünes Unkraut darauf befände.

Jack Benton drehte ziemlich verstohlen den Kopf, als ich wegsah, und dann versteckte er das Ding in seiner Hosentasche und ging auf der Leeseite nach achtern, außer Sichtweite. Die Männer hatten den Schotwimpel auf eine Strecke gebracht, um ihn zu servieren, aber ich duckte mich darunter und blieb dort stehen, wo ich sehen konnte, was Jack tat, direkt unter dem Vorstagsegel. Er konnte mich nicht sehen und suchte nach etwas. Seine Hand zitterte, als er ein etwa einen Fuß langes Stück einer halb gebogenen Eisenstange aufhob, die zum Drehen einer Ringschraube verwendet worden war und an der Hauptluke gelassen worden war. Seine Hand zitterte, als er ein Stück Marline aus der Tasche holte und das wassergefüllte Rohr am Eisen befestigte. Er hatte es auch nicht so gemeint, um abzudriften, denn er nahm seine Züge sorgfältig an, spannte sie und ritt sie dann, damit sie nicht ausrutschten, und machte das Ende mit zwei halben Schlägen um das Eisen fest. und hängte es wieder zusammen. Dann versuchte er es mit den Händen, blickte verstohlen auf dem Deck auf und ab und ließ dann das Rohr und das Eisen leise über die Reling fallen, sodass ich das Platschen nicht einmal hörte. Wenn jemand an Bord Streiche spielte, war das nicht für den Koch bestimmt.

Ich stellte ein paar Fragen zu Jack Benton, und einer der Männer erzählte mir, dass er nichts mehr zu essen hatte, kaum etwas aß und so viel Kaffee schluckte, wie er in die Finger bekam, und dass er seinen ganzen Tabak aufgebraucht hatte und damit angefangen hatte auf dem, was sein Bruder hinterlassen hatte.

„Der Arzt sagt, das stimmt nicht , Sir", sagte der Mann und sah mich schüchtern an, als hätte er nicht damit gerechnet, dass man mir glaubte; „Der Arzt sagt, dass von Frühstück zu Frühstück so viel gegessen wird wie vor dem Sturz von Jim über Bord, obwohl es einen Mund weniger und einen anderen gibt, der nichts frisst. Ich sage, es ist der Schiffsjunge, der es bekommt. Er ist kaputt ."

Ich sagte ihm, wenn der Schiffsjunge mehr als seinen Anteil aß, müsse er mehr als seinen Anteil arbeiten, um das Gleichgewicht zu halten. Aber der Mann lachte seltsam und sah mich wieder an.

„Das habe ich nur gesagt, Sir, einfach so. Wir alle wissen, dass dem nicht so ist."

„Na, wie ist es?"

"Wie ist das?" fragte der Mann, auf einmal halb wütend. „Ich weiß nicht, wie es ist, aber es gibt eine Hand an Bord, die genauso regelmäßig wie die Glocken ihren Schlag mit uns macht."

„Nimmt er Tabak?" Ich wollte ihn auslachen, aber während ich sprach , erinnerte ich mich an das durchnässte Rohr.

„Ich schätze, er benutzt seinen eigenen Destillierapparat", antwortete der Mann mit seltsamer, leiser Stimme. „Vielleicht nimmt er die von jemand anderem, wenn seines weg ist."

Ich erinnere mich, dass es ungefähr neun Uhr morgens war, denn gerade in diesem Moment rief mir der Kapitän zu, ich solle beim Chronometer stehen, während er seine Vorbeobachtung machte. Kapitän Hackstaff gehörte nicht zu den alten Kapitänen, die alles selbst mit einer Taschenuhr machen, den Schlüssel des Chronometers in der Westentasche haben und dem Steuermann nicht sagen, wie weit die Koppelnavigation entfernt ist. Er war eher andersherum, und ich war froh darüber, denn er ließ mich im Allgemeinen an den Zielen arbeiten, die er nahm, und ließ hinterher nur ein Auge auf meine Zahlen schweifen. Ich muss sagen, dass sein Auge ziemlich gut war, denn er würde einen Fehler in einem Logarithmus erkennen oder mir sagen, dass ich die „Gleichung der Zeit" mit dem falschen Vorzeichen berechnet hätte, bevor es mir so vorkam, als hätte er es geschafft soweit: „halbe Summe abzüglich der Höhe". Er hatte auch immer recht, und außerdem wusste er eine Menge über Eisenschiffe und örtliche Abweichungen, über das Einstellen des Kompasses und so weiter. Ich weiß nicht, wie er dazu kam, das Kommando über einen Längsschoner zu übernehmen. Er redete nie über sich selbst, und vielleicht war er auch nur Kamerad auf einem dieser großen Rahsegler aus Stahl gewesen, und irgendetwas hatte ihn zurückgeworfen. Vielleicht war er Kapitän gewesen und hatte sein Schiff ohne besonderes Verschulden auf Grund gebracht und musste von vorne beginnen. Manchmal redete er genau wie du und ich, und manchmal sprach er eher wie Bücher oder die Leute aus Boston, die ich gehört habe. Ich weiß nicht. Wir waren alle hin und wieder Schiffskameraden mit Männern, die schon bessere Tage gesehen haben. Vielleicht war er in der Marine gewesen, aber was mich zu dem Schluss bringt, dass er es nicht gewesen sein kann, ist, dass er ein durch und durch guter Seemann war, ein ganz normaler alter Windstörer, und sich mit Segeln auskannte, was diese Leute von der Marine selten tun. Nun, Sie und ich sind mit Männern vor dem Mast gesegelt, die ihre Kapitänszeugnisse in der Tasche hatten – auch englische Handelszeugnisse –, die eine doppelte Höhe schaffen könnten, wenn man ihnen einen Sextanten leihen und ihnen einen Blick darauf werfen würde der Chronometer, sowie so mancher Mann, der ein großes Rahschiff befehligt. Navigation ist nicht alles und Seemannschaft auch nicht. Du musst es in dir haben, wenn du dorthin gelangen willst.

Ich weiß nicht, woher unser Kapitän gehört hat, dass es vorn Probleme gab. Der Schiffsjunge könnte es ihm gesagt haben, oder die Männer hätten sich vor seiner Tür unterhalten, als sie nachts das Steuer ablösten. Wie auch immer, er bekam Wind davon, und als er an diesem Morgen wieder sehend war , schickte er alle Leute nach achtern und hielt ihnen einen Vortrag. Es war genau die Art von Gespräch, die man von ihm erwartet hätte. Er sagte, er habe nichts zu beanstanden, und soweit er wisse, täten alle an Bord seine Pflicht, und man habe ihm zu verstehen gegeben, dass die Männer ihren Job gemacht hätten und zufrieden seien. Er sagte, sein Schiff sei nie ein hartes Schiff gewesen, und er mochte die Ruhe, und das sei der Grund, warum er keinen Unsinn haben wolle, und die Männer könnten das genauso gut auch verstehen. Wir hätten ein großes Unglück gehabt, sagte er, und es sei niemandes Schuld gewesen. Wir hatten einen Mann verloren, den wir alle mochten und respektierten, und er war der Meinung, dass jeder auf dem Schiff Mitleid mit dem Bruder des Mannes haben sollte, der zurückgelassen wurde, und dass es eine schreckliche, schwammige Kindlichkeit und ungerecht, unmännlich und feige sei, so zu sein Er spielte Schultricks mit Gabeln, Löffeln, Pfeifen und dergleichen. Er sagte, es müsse jetzt aufhören, und das sei alles, und die Männer könnten weitermachen. Und das taten sie auch.

ER LIEß DAS MESSER LOS UND DIE SPITZE BLIEB IM DECK STECKEN.

Danach wurde es schlimmer, und die Männer beobachteten den Koch, und der Koch beobachtete die Männer, als ob sie versuchten, sich gegenseitig zu fangen; aber ich denke, jeder hatte das Gefühl, dass da noch etwas anderes war. Eines Abends war ich beim Abendessen an Deck, und Jack kam nach achtern, um das Steuerrad abzulösen, während der Steuermann sein

Abendessen bekam. Er war noch nicht an der Hauptluke auf der Leeseite vorbei, als ich einen Mann in Pantoffeln rennen hörte, der auf das Deck klatschte, und eine Art Schrei ertönte, und ich sah, wie der farbige Koch mit einer Schnitzerei auf Jack losging -Messer in seiner Hand. Ich sprang, um zwischen sie zu gelangen, und Jack drehte sich abrupt um und streckte seine Hand aus. Ich war zu weit entfernt, um sie zu erreichen, und der Koch stach mit seinem Messer heraus. Aber die Klinge kam Benton nicht nahe. Der Koch schien es immer wieder in die Luft zu stechen, mindestens einen Meter vor der Markierung. Dann ließ er seine rechte Hand sinken, und ich sah das Weiße seiner Augen in der Dämmerung, und er taumelte gegen die Pin-Schiene und ergriff mit der Linken einen Sicherungsnagel. Ich hatte ihn inzwischen erreicht und ergriff seine Messerhand und auch die andere, denn ich dachte, er würde die Nadel benutzen; aber Jack Benton stand da und starrte ihn dumm an, als ob er es nicht verstand. Doch stattdessen hielt der Koch fest, weil er es nicht ertragen konnte, und seine Zähne klapperten, und er ließ das Messer los, und die Spitze blieb im Deck stecken.

"Er ist verrückt!" sagte Jack Benton, und das war alles, was er sagte; und er ging nach hinten.

Als er weg war, kam der Koch zu sich und sprach ganz leise, in der Nähe meines Ohrs.

„Es waren zwei von ihnen! Also hilf mir Gott, es waren zwei von ihnen!"

Ich weiß nicht, warum ich ihn nicht am Kragen gepackt und kräftig geschüttelt habe; aber ich habe es nicht getan. Ich nahm einfach das Messer, gab es ihm und sagte ihm, er solle in seine Kombüse zurückkehren und sich nicht lächerlich machen. Wissen Sie, er hatte nicht auf Jack eingeschlagen, sondern auf etwas, das er zu sehen glaubte, und ich wusste, was es war, und ich fühlte das Gleiche, als würde mir ein Eisklumpen über den Rücken rutschen, das ich in jener Nacht spürte, als wir uns trafen verbogen das Trysegel.

Als die Männer ihn nach hinten rennen sahen, sprangen sie hinter ihm her, hielten sich aber zurück, als sie sahen, dass ich ihn gefangen hatte. Nach und nach erzählte mir der Mann, der zuvor mit mir gesprochen hatte, was passiert war. Er war ein stämmiger kleiner Kerl mit rotem Kopf.

„Nun", sagte er, „es gibt nicht viel zu erzählen. Jack Benton hatte mit uns anderen zu Abend gegessen. Er sitzt immer an der hinteren Ecke des Tisches, auf der Backbordseite. Sein Bruder saß immer." am Ende, neben ihm. Der Arzt gab ihm zum Schluss ein donnerndes großes Stück Kuchen, und als er fertig war, hielt er nicht an, um eine Zigarette zu rauchen, sondern ging schnell los, um das Lenkrad zu entlasten. Genau wie er gegangen war , kam der Arzt aus der Kombüse, und als er Jacks leeren Teller sah , stand er stocksteif da und starrte darauf; und wir fragten uns alle, was los war, bis wir auf den Teller schauten. Da lagen zwei Gabeln darin, Sir, lagen Seite an Seite. Dann schnappte sich der Arzt sein Messer und flog wie eine Rakete durch die Luke hoch. Die andere Gabel war in Ordnung, Herr Torkeldsen , denn wir alle haben sie gesehen und damit umgegangen; und wir hatten alle unsere eigene. Das ist alles, was ich weiß."

Ich hatte nicht das Gefühl, dass ich lachen wollte, als er mir diese Geschichte erzählte; aber ich hoffte, dass der alte Mann es nicht hören würde, denn ich wusste, dass er es nicht glauben würde, und kein Kapitän, der jemals gereist ist, mag es, wenn solche Geschichten über sein Schiff kursieren. Es gibt ihr einen schlechten Ruf. Aber das war alles, was jemals jemand außer dem Koch sah, und er ist nicht der erste Mann, der glaubte, Dinge zu sehen, ohne etwas zu trinken in sich zu haben. Ich denke, wenn der Arzt so schwach im Kopf gewesen wäre, wie er es später war, hätte er vielleicht wieder etwas Dummes getan und es hätte ernsthafte Probleme geben können. Aber er tat es nicht. Nur zwei- oder dreimal sah ich, wie er Jack Benton auf seltsame, verängstigte Weise ansah, und einmal hörte ich ihn mit sich selbst reden.

„Es sind zwei davon! Also hilf mir Gott, es sind zwei davon!“

Er sagte nichts mehr darüber, um seine Entlassung zu bitten, aber ich wusste genau, dass wir ihn nie wieder sehen würden, wenn er im nächsten Hafen an Land käme , wenn er seine Ausrüstung und auch sein Geld zurücklassen müsste. Er hatte die ganze Zeit Angst, für immer; und er würde nicht wieder im Recht sein, bis er ein anderes Schiff bekam. Es nützt nichts, mit einem Mann zu reden, wenn er so ist, genauso wenig wie es nützt, einen Jungen zum Haupttransporter zu schicken, wenn er die Nerven verloren hat.

Jack Benton sprach nie darüber, was an diesem Abend passierte. Ich weiß nicht, ob er von den beiden Forks wusste oder nicht; oder ob er verstand, wo das Problem lag. Was auch immer er von den anderen Männern wusste, er lebte offenbar unter einer schweren Belastung. Er war ruhig genug und zu ruhig; aber sein Gesicht war starr, und manchmal zuckte es seltsam, wenn er am Steuer saß, und er drehte scharf den Kopf herum, um nach hinten zu schauen. Ein Mann tut das nicht von Natur aus, es sei denn, es gibt ein Schiff, von dem er glaubt, dass es sich an das Viertel heranschleicht. Wenn das passiert und der Mann am Steuer stolz auf sein Schiff ist, wird er fast immer über die Schulter schauen, um zu sehen, ob der andere aufholt. Aber Jack Benton schaute sich immer um, wenn nichts da war; Und was merkwürdig ist, die anderen Männer schienen den Trick zu verstehen, als sie steuerten. Eines Tages kam der alte Mann heraus, gerade als der Mann am Steuer hinter ihn schaute.

"Wo schaust du hin?" fragte der Kapitän.

„Nichts, Sir", antwortete der Mann.

„Dann behalten Sie den Besan-Royal im Auge", sagte der alte Mann, als hätte er vergessen, dass wir kein Rahschiff waren.

„Ja, ja, Sir", sagte der Mann.

Der Kapitän sagte mir, ich solle nach unten gehen und den Breitengrad der Koppelnavigation ermitteln, und er ging vor das Deckshaus und setzte sich zum Lesen, wie er es oft tat. Als ich heraufkam, sah sich der Mann am Steuer wieder um, und ich stand neben ihm und fragte ihn nur leise, was alle sahen, denn das wurde allmählich zur allgemeinen Gewohnheit. Er wollte zunächst nichts sagen, sondern antwortete nur, dass es nichts sei. Aber als er sah, dass es mir scheinbar egal war und ich einfach nur dastand, als gäbe es nichts mehr zu sagen, fing er natürlich an zu reden.

Er sagte, es sei nicht so, dass er etwas gesehen habe, weil es nichts zu sehen gäbe, außer der Spankerschot, die sich nur ein wenig spannte und in den Garben der Blöcke arbeitete, während der Schoner auf kurze See stieg. Es war nichts zu sehen, aber es kam ihm vor, als würde das Laken in den Blöcken ein seltsames Geräusch machen. Es war ein neues Manila-Blatt; und bei trockenem Wetter machte es ein kleines Geräusch, etwas zwischen einem Knarren und einem Keuchen. Ich schaute es mir an und schaute den Mann an und sagte nichts; und bald fuhr er fort. Er fragte mich, ob mir an dem Lärm nichts Merkwürdiges aufgefallen sei. Ich hörte eine Weile zu und sagte, ich hätte nichts bemerkt. Dann sah er ziemlich verlegen aus, sagte aber, er glaube nicht, dass es an seinen eigenen Ohren liegen könne, denn jeder Mann, der seinen Trick steuerte, hörte ab und zu das Gleiche – manchmal einmal am Tag, manchmal einmal in der Nacht, manchmal es würde eine ganze Stunde dauern.

„Es hört sich an, als würde man Holz sägen", sagte ich einfach so.

„Für uns klingt es viel mehr wie ein Mann, der ‚Nancy Lee' pfeift." Er zuckte nervös zusammen, als er die letzten Worte sprach. „So, Sir, hören Sie es nicht?" fragte er plötzlich.

Ich hörte nichts als das Knarren des Manila-Bettlakens. Es näherte sich der Mittagszeit und in den südlichen Gewässern herrschte schönes, klares Wetter – genau die Art von Tag und Zeit, an der man am wenigsten damit rechnen würde, dass man sich gruselig fühlt. Aber ich erinnerte mich daran, wie ich vor zwei Wochen nachts in einem Sturm die gleiche Melodie über mir gehört hatte, und ich schäme mich nicht zu sagen, dass mich jetzt das gleiche Gefühl überkam, und ich wünschte mir, dass ich aus der Helen B. *herauskommen würde* . und an Bord eines alten Frachtdampfers, mit einer Windmühle an Deck und einem Achtundachtziger für den Kapitän und einem neuen Leck, wann immer es wehte.

Nach und nach wurde das Leben an Bord dieses Schiffes in den nächsten Tagen so unerträglich, wie Sie es sich nur vorstellen können. Es wurde nicht viel geredet, denn ich glaube, die Männer scheuten sich, auch nur offen miteinander über ihre Gedanken zu sprechen. Die ganze Schiffsbesatzung verstummte, bis man kaum noch eine Stimme hörte, außer einem Befehl und einer Antwort. Die Männer saßen nicht beim Essen, wenn ihre Wache unten war, sondern machten entweder sofort kehrt oder saßen auf dem Vorderdeck herum und rauchten ihre Pfeifen, ohne ein Wort zu sagen. Wir dachten alle an dasselbe. Wir hatten alle das Gefühl, als wäre eine Hand an Bord, manchmal unten, manchmal an Deck, manchmal oben, manchmal am Ende des Auslegers; Er nahm seinen vollen Anteil an dem, was die anderen bekamen, leistete aber keine Arbeit dafür. Wir haben es nicht nur gespürt, wir wussten es. Er nahm keinen Platz ein, er warf keinen Schatten, und wir hörten nie seine Schritte an Deck; aber er schlug mit den anderen so regelmäßig zu wie die Glocken und – er pfiff „Nancy Lee." Es war wie der schlimmste Traum, den man sich vorstellen kann; und ich wage zu behaupten, dass viele von uns manchmal versuchten zu glauben, es sei nichts anderes, wenn wir bei schönem Wetter mit der Brise im Gesicht über die Wetterreling blickten; Aber wenn wir uns zufällig umdrehten und einander in die Augen sahen, wussten wir, dass es etwas Schlimmeres war, als es jeder Traum sein konnte; und wir wandten uns mit einem merkwürdigen, kranken Gefühl voneinander ab und wünschten, wir könnten einmal jemanden sehen, der nicht wusste, was wir wussten.

Über *Helen B. Jackson* gibt es für mich nicht viel mehr zu erzählen . Als wir unter Morro Castle einliefen und in Havanna ankerten, waren wir eher eine Schiffsladung Verrückter als alles andere. Der Koch hatte Hirnfieber und war im Delirium bis zum Wahnsinn; und der Rest der Männer war nicht weit davon entfernt. Die letzten drei oder vier Tage waren schrecklich gewesen, und wir waren einer Meuterei an Bord so nahe gewesen, wie ich es mir jemals gewünscht hätte. Die Männer wollten niemanden verletzen; aber sie wollten von diesem Schiff wegkommen, wenn sie dafür schwimmen müssten; um diesem Pfeifen zu entkommen, von diesem toten Schiffskameraden, der zurückgekehrt war und das Schiff mit seinem unsichtbaren Selbst erfüllte. Ich weiß, wenn der alte Mann und ich nicht scharf Ausschau gehalten hätten, hätten die Männer in einer dieser ruhigen Nächte still und leise ein Boot an Land gebracht und sich davongemacht, während der Kapitän, ich und der verrückte Koch den Schoner in Bewegung gesetzt hätten Hafen . Wir hätten es natürlich irgendwie machen sollen, denn wir hätten nicht weit laufen müssen, wenn wir Wind bekommen könnten; und ein- oder zweimal ertappte ich mich dabei, dass ich mir wünschte, die Besatzung wäre wirklich weg, denn der schreckliche Angstzustand, in dem sie lebten, begann auch auf mich zu wirken. Sie sehen, ich habe teilweise geglaubt und teilweise nicht; Aber ich hatte jedenfalls nicht vor, mich von der Sache überwältigen zu lassen, was auch immer es war. Ich wurde auch mürrisch und ließ die Männer bei allen möglichen Arbeiten arbeiten und fuhr sie dorthin, bis sie wünschten, ich wäre auch über Bord gegangen. Es war nicht so, dass der alte Mann und ich versuchten, sie ohne ihren Lohn in die Wüste zu treiben, wie es, leider auch heute noch, viele Kapitäne und Kameraden tun. Kapitän Hackstaff war absolut ehrlich, und ich meinte nicht, dass diese armen Kerle um einen einzigen Cent betrogen werden sollten; und ich machte es ihnen nicht übel, dass sie das Schiff verlassen wollten, aber mir schien, dass die einzige Chance, alle in diesen letzten Tagen bei Verstand zu halten, darin bestand, die Männer bis zum Umfallen zu arbeiten. Als sie todmüde waren, schliefen sie ein wenig und vergaßen die Sache, bis sie an Deck stolpern und sich der Sache erneut stellen mussten. Das ist schon viele Jahre her. Glaubst du, dass ich „Nancy Lee" jetzt nicht hören kann, ohne dass mir kalt wird? Denn ich hörte es auch ab und zu, nachdem der Mann erklärt hatte, warum er ihm immer über die Schulter schaute. Vielleicht war es Einbildung. Ich weiß nicht. Wenn ich zurückblicke, kommt es mir so vor, als ob ich mich nur an einen langen Kampf gegen etwas erinnere, das ich nicht sehen konnte, gegen eine entsetzliche Präsenz, gegen etwas Schlimmeres als Cholera, Yellow Jack oder die Pest – und Gott weiß, dass das mildeste davon schlimm genug ist wenn es auf See ausbricht. Die Männer wurden kreidebleich und gingen nachts nicht allein an Deck, egal, was ich ihnen sagte. Mit dem tobenden Koch in seiner Koje wäre das Vorschiff die Hölle gewesen, und an Bord gab es keine freie Kabine. Es gibt nie ein Vorher und Nachher. Also steckte ich ihn in meins, und dort war er ruhiger und verfiel schließlich in eine Art Benommenheit, als ob er sterben würde. Ich weiß nicht, was aus ihm geworden ist, denn wir haben ihn lebend an Land gebracht und im Krankenhaus zurückgelassen.

Die Männer kamen in einer Schar nach achtern, ganz ruhig, und fragten den Kapitän, ob er sie nicht auszahlen und sie an Land gehen lassen würde. Einige Männer hätten es nicht getan, denn sie waren für die Reise eingeschifft und hatten Artikel unterschrieben. Aber der Kapitän wusste, dass Matrosen nicht besser sind als Kinder, wenn ihnen eine Idee in den Sinn kommt; und wenn er sie zwang, an Bord zu bleiben, würde er nicht viel Arbeit aus ihnen herausholen und konnte sich in Schwierigkeiten nicht auf sie verlassen. Also zahlte er sie aus und ließ sie gehen. Als sie losgegangen waren, um ihre Sachen zu holen, fragte er mich, ob ich auch mitkommen wolle, und einen Moment lang hatte ich das schwache Gefühl, dass ich das genauso gut tun könnte. Aber ich tat es nicht und er war mir danach ein guter Freund. Vielleicht war er mir dankbar, dass ich zu ihm gehalten habe.

Als die Männer losgingen, kam er nicht an Deck; aber es war meine Pflicht, dabeizustehen, während sie das Schiff verließen. Sie schuldeten mir einen Groll dafür, dass ich sie in den letzten Tagen arbeiten ließ, und die meisten von ihnen sprangen ohne ein Wort oder einen Blick ins Boot, wie es Seeleute tun. Jack Benton war der letzte, der über Bord ging, und er blieb eine Minute stehen und sah mich an, und sein weißes Gesicht zuckte. Ich dachte, er wollte etwas sagen.

„Pass auf dich auf, Jack", sagte ich. „Bis dann!"

Es schien, als könnte er zwei oder drei Sekunden lang nicht sprechen; dann wurden seine Worte schwer.

„Es war nicht meine Schuld, Herr Torkeldsen . Ich schwöre, es war nicht meine Schuld!"

Das war alles; und er fiel über die Bordwand, sodass ich mich fragte, was er meinte.

Der Kapitän und ich blieben an Bord, und der Schiffsausrüster holte einen Jungen aus Westindien, der für uns kochte.

An diesem Abend, bevor wir einbogen, standen wir an der Reling, rauchten still und beobachteten die Lichter der Stadt, die sich eine Viertelmeile entfernt im stillen Wasser spiegelten. An Land gab es irgendeine Art von Musik, in einem Tanzlokal der Seeleute, wage ich zu behaupten; und ich hatte keinen Zweifel daran, dass die meisten Männer, die das Schiff verlassen hatten, dort waren und bereits voller Jiggy-Jiggy. Die Musik spielte viele Matrosenlieder, die ineinander übergingen, und ab und zu konnten wir die Männerstimmen im Refrain hören. Einer folgte dem anderen, und dann war „Nancy Lee" laut und deutlich zu hören, und die Männer sangen „ Yo -ho, heave-ho!"

„Ich habe kein Ohr für Musik", sagte Kapitän Hackstaff , „aber es scheint mir, dass das die Melodie ist, die der Mann in der Nacht gepfiffen hat, als wir den Mann über Bord verloren. Ich weiß nicht, warum sie mir im Kopf geblieben ist, und natürlich." Es ist alles Unsinn, aber es scheint mir, dass ich es den ganzen Rest der Reise gehört habe.

Ich sagte dazu nichts, fragte mich aber, wie viel der alte Mann verstanden hatte. Dann legten wir uns nieder und ich schlief zehn Stunden, ohne die Augen zu öffnen.

blieb ich bei *Helen B. Jackson*, solange ich ein Vorher -Nachher ertragen konnte; Aber in dieser Nacht, als wir in Havanna lagen, hörte ich „Nancy Lee" zum letzten Mal an Bord des Schiffes. Die freie Hand war mit den anderen an Land gegangen, und er kam nie zurück, und er nahm seine Melodie mit; aber all diese Dinge sind in meiner Erinnerung noch so deutlich, als ob sie gestern passiert wären.

Danach steckte ich ein Jahr oder länger auf Eis, und als ich nach Hause kam
, bekam ich mein Zertifikat, und weil ich Freunde hatte, ein wenig Geld
gespart hatte und ein kleines Vermächtnis von einem Onkel in Norwegen
hatte, bekam ich das Kommando über ein Küstenschiff mit einem kleinen
Anteil daran. Ich war drei Wochen vor meiner Seefahrt zu Hause, und Jack
Benton sah meinen Namen in den Lokalzeitungen und schrieb mir.

Er sagte, dass er das Meer verlassen habe und sich mit der Landwirtschaft
beschäftige, und dass er heiraten würde, und fragte mich, ob ich dafür nicht
vorbeikommen würde, denn mit dem Zug seien es nicht mehr als vierzig
Minuten; und er und Mamie wären stolz, mich bei der Hochzeit dabei zu
haben. Ich erinnerte mich, wie ich gehört hatte, wie ein Bruder den anderen
fragte, ob Mamie es wüsste. Das bedeutete wohl, ob sie wusste, dass er sie
heiraten wollte. Sie hatte sich Zeit gelassen, denn es war fast drei Jahre her,
seit wir Jim Benton über Bord verloren hatten.

Während wir uns auf See vorbereiteten, hatte ich nichts Besonderes zu tun;
Ich meine, nichts hindert mich daran, einen Tag lang rüberzugehen; und ich
dachte, ich würde gerne Jack Benton sehen und einen Blick auf das Mädchen
werfen, das er heiraten würde. Ich fragte mich, ob er wieder fröhlicher
geworden war und den düsteren Gesichtsausdruck losgeworden war, den er
hatte, als er mir sagte, dass es nicht seine Schuld sei. Wie konnte es überhaupt
seine Schuld sein? Also schrieb ich an Jack, dass ich vorbeikommen und ihn
heiraten sehen würde; Und als der Tag kam, nahm ich den Zug und kam
gegen zehn Uhr morgens dort an. Ich wünschte, ich hätte es nicht getan. Jack
traf mich am Bahnhof und erzählte mir, dass die Hochzeit am späten
Nachmittag stattfinden sollte und dass sie, er und Mamie, keine alberne
Hochzeitsreise unternehmen würden, sondern einfach zu Fuß von ihrer
Mutter nach Hause gehen würden Haus zu seiner Hütte. Das sei gut genug
für ihn, sagte er. Nachdem wir uns kennengelernt hatten, sah ich ihn eine
Minute lang eindringlich an. Als wir uns trennten, hatte ich die Idee, dass er
anfangen könnte zu trinken, aber das war nicht der Fall. In seinem schwarzen
Mantel und dem hohen Stadtkragen sah er sehr anständig und wohlhabend
aus; Aber er war dünner und knochiger als damals, als ich ihn kannte, und in
seinem Gesicht waren Falten, und ich fand, dass seine Augen einen seltsamen
Ausdruck hatten, halb zwielichtig, halb verängstigt. Er hätte keine Angst vor
mir haben müssen, denn ich hatte nicht vor, mit seiner Braut über die *Helen
B. Jackson zu sprechen* .

Er brachte mich zuerst zu seinem Cottage und ich konnte sehen, dass er stolz
darauf war. Die Hochwassermarke war noch keine Kabellänge entfernt, aber
die Flut ging zur Neige, und auf der anderen Seite der Strandstraße befand
sich bereits ein breiter Streifen harten, nassen Sandes. Jacks Stück Land
verlief etwa eine Viertelmeile hinter der Hütte und er sagte, dass einige der
Bäume, die wir sahen, ihm gehörten. Die Zäune waren ordentlich und

gepflegt, und ein Stück von der Hütte entfernt gab es eine ziemlich große Scheune, und auf den Wiesen sah ich ein paar hübsche Rinder; Aber für mich schien es keine große Farm zu sein, und ich dachte, dass Jack bald seine Frau verlassen müsste, um sich darum zu kümmern, und wieder zur See fahren müsste. Aber ich habe gesagt, dass es eine schöne Farm sei, um angenehm zu wirken, und da ich nicht viel über diese Dinge weiß , wage ich zu behaupten, dass es trotzdem so war. Ich habe es nur dieses eine Mal gesehen. Jack erzählte mir, dass er und sein Bruder in der Hütte geboren worden seien und dass sie nach dem Tod ihres Vaters und ihrer Mutter das Land an Mamies Vater verpachtet hätten, die Hütte aber behalten hätten, um darin zu leben, als sie für eine Weile vom Meer nach Hause gekommen seien. Es war ein so gepflegter kleiner Ort, wie man ihn sich nur wünschen kann: die Böden so sauber wie die Decks einer Jacht und die Farbe so frisch wie ein Kriegsschiff. Jack war immer ein guter Maler. Im Erdgeschoss gab es einen schönen Salon , und Jack hatte ihn tapeziert und die Wände mit Fotos von Schiffen und ausländischen Häfen und mit Dingen behängt, die er von seinen Reisen mitgebracht hatte: ein Bumerang, eine Südseekeule, japanische Strohhüte und ein Gibraltar-Fan mit einem Stierkampf und all dieser Ausrüstung. Für mich sah es so aus, als ob Miss Mamie bei der Organisation mitgeholfen hätte. In den alten Kamin war ein brandneuer Franklin-Ofen aus poliertem Eisen eingelassen, und eine rote Tischdecke aus Alexandria, bestickt mit diesen seltsamen ägyptischen Buchstaben. Es war alles so hell und heimelig wie möglich, und er zeigte mir alles und war auf alles stolz, und ich mochte ihn dadurch umso mehr. Aber ich wünschte, seine Stimme würde fröhlicher klingen, wie damals, als wir zum ersten Mal mit der *Helen B. segelten* , und dass der gezogene Ausdruck für eine Minute aus seinem Gesicht verschwinden würde. Jack zeigte mir alles und führte mich nach oben, und alles war dasselbe: hell und frisch und bereit für die Braut. Aber auf dem oberen Treppenabsatz gab es eine Tür, die Jack nicht öffnete. Als wir aus dem Schlafzimmer kamen , bemerkte ich, dass es angelehnt war, und Jack schloss es schnell und drehte den Schlüssel um.

„Dieses Schloss nützt nichts", sagte er halb zu sich selbst. „Die Tür steht immer offen."

Ich achtete nicht besonders darauf, was er sagte, aber als wir die kurze Treppe hinuntergingen, die frisch gestrichen und lackiert war, sodass ich fast Angst hatte, darauf zu treten, sprach er erneut.

„Das war sein Zimmer, Sir. Ich habe eine Art Lagerraum daraus gemacht."

„Vielleicht möchten Sie es in einem Jahr oder so", sagte ich und wollte freundlich sein.

„Ich schätze, dafür werden wir sein Zimmer nicht nutzen", antwortete Jack mit leiser Stimme.

Dann bot er mir eine Zigarre aus einer frischen Kiste im Salon an , und er nahm eine, und wir zündeten sie an und gingen hinaus; und als wir die Haustür öffneten, stand Mamie Brewster auf dem Weg, als würde sie auf uns warten. Sie war ein hübsches Mädchen, und ich wunderte mich nicht, dass Jack bereit gewesen war, drei Jahre auf sie zu warten. Ich konnte sehen, dass sie nicht mit Dampfwärme und Kältespeicherung aufgewachsen war, sondern am Meeresufer zu einer Frau herangewachsen war. Sie hatte braune Augen, feines braunes Haar und eine gute Figur.

„Das ist Kapitän Torkeldsen ", sagte Jack. „Das ist Miss Brewster, Kapitän, und sie freut sich, Sie zu sehen."

„Nun, das bin ich", sagte Miss Mamie, „denn Jack hat oft mit uns über Sie gesprochen, Kapitän."

Sie streckte ihre Hand aus, nahm meine und schüttelte sie herzlich, und ich vermute, dass ich etwas gesagt habe, aber ich weiß, dass ich nicht viel gesagt habe.

Die Vordertür des Cottages blickte auf das Meer, und ein gerader Weg führte zum Tor an der Strandstraße. Von den Stufen der Hütte führte ein weiterer Weg nach rechts, der breit genug war, dass zwei Personen problemlos gehen konnten, und der direkt über die Felder durch Tore zu einem größeren Haus etwa eine Viertelmeile entfernt führte. Dort lebte Mamies Mutter, und dort sollte die Hochzeit stattfinden. Jack fragte mich, ob ich mir vor dem Abendessen noch die Farm ansehen möchte, aber ich sagte ihm, dass ich nicht viel über Bauernhöfe wüsste. Dann sagte er, er wolle sich nur ein wenig umsehen, da er an diesem Tag vielleicht keine größeren Chancen mehr habe; und er lächelte, und Mamie lachte.

„Zeigen Sie dem Kapitän den Weg zum Haus, Mamie", sagte er. „Ich komme gleich."

Also begannen Mamie und ich den Weg entlangzulaufen, und Jack ging hinauf zur Scheune.

„Es war nett von Ihnen, Kapitän", begann Miss Mamie, „denn ich wollte Sie schon immer sehen."

„Ja", sagte ich und erwartete etwas mehr.

„Sehen Sie, ich kannte sie beide immer", fuhr sie fort. „Als ich ein kleines Mädchen war, fuhren sie mit mir auf einer Dorie hinaus, um Kabeljau zu fangen, und ich mochte sie beide", fügte sie nachdenklich hinzu. „Jack hat jetzt keine Lust, über seinen Bruder zu reden. Das ist natürlich. Aber es wird dir doch nichts ausmachen, mir zu erzählen, wie es passiert ist, oder? Ich würde es so gerne wissen."

Nun, ich erzählte ihr von der Reise und was in der Nacht passierte, als wir in einen Sturm gerieten, und dass es niemandes Schuld gewesen sei, denn ich würde nicht zugeben, dass es die Schuld meines alten Kapitäns war , wenn überhaupt War. Aber ich habe ihr nichts darüber erzählt, was danach passiert ist. Da sie nicht sprach, redete ich einfach weiter über die beiden Brüder und wie ähnlich sie gewesen waren und wie ich Jack für ihn hielt, als der arme Jim ertrank und Jack zurückgelassen wurde. Ich sagte ihr, dass keiner von uns jemals sicher gewesen sei, wer was sei.

„Ich war mir selbst nicht immer sicher", sagte sie, „es sei denn, sie waren zusammen. Zumindest nicht ein oder zwei Tage, nachdem sie von der See nach Hause kamen. Und jetzt kommt es mir so vor, als sei Jack eher wie der arme Jim als ich." Erinnere dich an ihn, als er jemals war, denn Jim war immer ruhiger , als würde er nachdenken.

Ich sagte ihr, dass ich das auch dachte. Wir passierten das Tor und gingen Seite an Seite in das nächste Feld. Dann drehte sie den Kopf, um nach Jack zu suchen, aber er war nicht in Sicht. Ich werde nicht vergessen, was sie als nächstes sagte.

„Bist du jetzt sicher?" Sie fragte.

Ich stand stocksteif da, und sie trat auf eine Stufe, drehte sich dann um und sah mich an. Wir müssen uns angeschaut haben, während man fünf oder sechs zählen konnte.

„Ich weiß, es ist albern", fuhr sie fort, „es ist albern, und es ist auch schrecklich, und ich habe kein Recht, es zu denken, aber manchmal kann ich nicht anders. Du siehst, es war immer Jack, den ich heiraten wollte." ."

„Ja", sagte ich dumm, „das nehme ich an."

Sie wartete eine Minute und begann langsam weiterzugehen, bevor sie wieder weiterging.

„Ich rede mit Ihnen, als wären Sie ein alter Freund, Kapitän, und ich kenne Sie erst seit fünf Minuten. Ich wollte Jack heiraten, aber jetzt ist er dem anderen so ähnlich."

Wenn einer Frau eine falsche Idee in den Sinn kommt, gibt es nur einen Weg, sie davon zu befreien, und das ist, ihr zuzustimmen. Das habe ich getan, und sie redete noch eine Weile so weiter, und ich stimmte immer wieder zu, bis sie sich zu mir umdrehte.

„Du weißt, dass du nicht glaubst, was du sagst", sagte sie und lachte. „Du weißt ganz genau, dass Jack Jack ist; und dass ich Jack heiraten werde."

Natürlich sagte ich das, denn es war mir egal, ob sie mich für ein schwaches Geschöpf hielt oder nicht. Ich hatte nicht vor, ein Wort zu sagen, das ihr

Glück beeinträchtigen könnte, und ich hatte nicht vor, es Jack Benton übel zu nehmen; aber ich erinnerte mich daran, was er gesagt hatte, als er das Schiff in Havanna verließ: dass es nicht seine Schuld war.

„Trotzdem", fuhr Miss Mamie fort, wie es eine Frau tun würde, ohne zu merken , was sie sagte, „Trotzdem wünschte ich, ich hätte es gesehen. Dann sollte ich es wissen."

Im nächsten Moment wusste sie, dass sie das nicht so meinte, und hatte Angst, dass ich sie für herzlos halten würde, und begann zu erklären, dass sie wirklich lieber selbst gestorben wäre, als gesehen zu haben, wie der arme Jim über Bord ging. Frauen haben sowieso nicht viel Verstand. Trotzdem fragte ich mich, wie sie Jack heiraten konnte, wenn sie Zweifel hatte, dass er vielleicht doch Jim war. Ich nehme an, dass sie sich wirklich an ihn gewöhnt hatte, seit er das Meer aufgegeben und an Land geblieben war, und dass sie sich um ihn kümmerte.

Es dauerte nicht lange, bis wir Jack hinter uns kommen hörten, denn wir waren sehr langsam gegangen, um auf ihn zu warten.

„Versprechen Sie, niemandem zu erzählen, was ich gesagt habe, Kapitän", sagte Mamie, wie es Mädchen tun, sobald sie ihre Geheimnisse preisgegeben haben.

niemandem außer dir erzählt habe . Dies ist das erste Mal, dass ich darüber gesprochen habe, das erste Mal, seit ich von dort aus mit dem Zug gefahren bin. Ich werde Ihnen nicht alles über den Tag erzählen. Miss Mamie stellte mich ihrer Mutter vor, einer ruhigen, hartgesichtigen alten Bauernwitwe aus Neuengland, sowie ihren Cousins und Verwandten; und davon gab es auch reichlich beim Abendessen, und außerdem war da noch der Pfarrer. Er war das, was man in diesen Gegenden einen Hartschalen-Baptisten nennt, mit einer langen, rasierten Oberlippe und einem unbändigen Appetit und einer Art überlegenem Aussehen, als hätte er nicht damit gerechnet, in Zukunft viele von uns zu sehen – so wie ein Der New Yorker Pilot schaut sich um und befiehlt Dinge, wenn er an Bord eines italienischen Frachtdampfers geht, als ob das Schiff sowieso nicht viel vorhatte, obwohl es seine Aufgabe war, dafür zu sorgen, dass es nicht auf Grund ging. Ich glaube, so sehen viele Pfarrer aus. Er sagte das Gnadengebet, als würde er den Männern befehlen, das Bramsegel festzumachen und das Ruder hochzuheben. Nach dem Abendessen gingen wir auf die Piazza, denn es war warmes Herbstwetter; und die jungen Leute gingen zu zweit die Strandstraße entlang, und die Flut hatte sich gewendet und begann hereinzukommen. Der Morgen war klar und schön gewesen, aber um vier Uhr begann es wie Nebel und Feuchtigkeit auszusehen kam aus dem Meer und ließ sich auf alles nieder. Jack sagte, er würde in sein Cottage gehen und einen letzten Blick darauf werfen, denn die

Hochzeit sollte um fünf Uhr oder kurz danach stattfinden, und er wollte die Lichter anzünden, damit alles fröhlich aussah.

„Ich werde nur einen letzten Blick darauf werfen", sagte er noch einmal, als wir das Haus erreichten. Wir gingen hinein und er bot mir eine weitere Zigarre an, und ich zündete sie an und setzte mich in den Salon . Ich konnte ihn herumlaufen hören, zuerst in der Küche und dann oben, und dann hörte ich ihn wieder in der Küche; Und dann, bevor ich etwas wusste, hörte ich, wie sich wieder jemand nach oben bewegte. Ich wusste, dass er die Treppe so schnell nicht hätte hochkommen können. Er kam in den Salon und nahm selbst eine Zigarre, und während er sie anzündete, hörte ich wieder diese Schritte über mir. Seine Hand zitterte und er ließ das Streichholz fallen.

„Haben Sie jemanden engagiert, der Ihnen hilft?" Ich fragte.

„Nein", antwortete Jack scharf und zündete ein weiteres Streichholz an.

„Oben ist jemand, Jack", sagte ich. „Hörst du keine Schritte?"

„Es ist der Wind, Kapitän", antwortete Jack; aber ich konnte sehen, dass er zitterte.

„Das ist kein Wind, Jack", sagte ich; „Es ist still und neblig. Ich bin sicher, dass oben jemand ist."

„Wenn Sie sich dessen so sicher sind, sollten Sie besser selbst nachsehen, Kapitän", antwortete Jack fast wütend.

Er war wütend, weil er Angst hatte. Ich ließ ihn vor dem Kamin stehen und ging nach oben. Es gab keine Macht auf der Erde, die mich glauben lassen könnte, ich hätte über mir nicht die Schritte eines Mannes gehört. Ich wusste, dass da jemand war. Aber das gab es nicht. Ich ging ins Schlafzimmer, und es war alles still, und das Abendlicht strömte rötlich durch die neblige Luft; und ich ging auf den Treppenabsatz und schaute in das kleine Hinterzimmer, das für ein Dienstmädchen oder ein Kind gedacht war. Und als ich wieder zurückkam, sah ich, dass die Tür des anderen Zimmers weit offen stand, obwohl ich wusste, dass Jack sie verschlossen hatte. Er hatte gesagt, das Schloss sei nicht gut. Ich schaute hinein. Es war ein Raum so groß wie das Schlafzimmer, aber fast dunkel, denn er hatte Fensterläden, und diese waren geschlossen. Es roch muffig, wie nach alter Ausrüstung, und ich konnte erkennen, dass der Boden mit Seekisten übersät war und dass auf dem Bett Ölzeug und ähnliches lagen. Aber ich glaubte immer noch, dass oben jemand war, und ich ging hinein, zündete ein Streichholz an und sah mich um. Ich konnte die vier Wände und das schäbige alte Papier sehen, ein Eisenbett und einen gesprungenen Spiegel und das Zeug auf dem Boden. Aber es war niemand da. Also löschte ich das Streichholz, kam heraus, schloss die Tür und drehte den Schlüssel um. Was ich Ihnen jetzt sage, ist die Wahrheit. Als ich den Schlüssel umgedreht hatte, hörte ich Schritte, die sich von der Tür im Zimmer entfernten. Dann fühlte ich mich einen Moment lang komisch, und als ich nach unten ging, blickte ich hinter mich, so wie die Männer am Steuer an Bord der *Helen B* hinter sich blickten.

Jack stand bereits draußen auf der Treppe und rauchte. Ich habe den Verdacht, dass er nicht gerne alleine drinnen blieb.

"Also?" fragte er und versuchte, nachlässig zu wirken.

„Ich habe niemanden gefunden“, antwortete ich, „aber ich hörte, wie sich jemand bewegte.“

„Ich habe dir gesagt, dass es der Wind war“, sagte Jack verächtlich. „Ich sollte es wissen, denn ich lebe hier und höre es oft.“

Dagegen gab es nichts zu sagen, also machten wir uns auf den Weg zum Strand. Jack sagte, es sei keine Eile, da Miss Mamie einige Zeit brauchen würde, um sich für die Hochzeit anzuziehen. Also schlenderten wir weiter, und die Sonne ging durch den Nebel unter, und die Flut kam herein. Ich wusste, dass der Mond voll war und dass der Nebel, wenn er aufging, vom Land wegrollen würde, wie es manchmal der Fall ist. Ich hatte das Gefühl, dass es Jack nicht gefiel, dass ich dieses Geräusch gehört hatte, also redete ich über andere Dinge und fragte ihn nach seinen Aussichten, und schon bald unterhielten wir uns so angenehm wie möglich.

Ich war in meinem Leben nicht auf vielen Hochzeiten, und ich glaube auch nicht, dass Sie das getan haben, aber diese schien mir in Ordnung zu sein, bis sie fast vorbei war; Und dann, ich weiß nicht, ob es Teil der Zeremonie war oder nicht, aber Jack streckte seine Hand aus, nahm Mamies Hand, hielt sie eine Minute lang fest und sah sie an, während der Pfarrer noch sprach.

Mamie wurde kreidebleich und schrie. Es war kein lauter Schrei, sondern nur eine Art unterdrückter kleiner Schrei, als hätte sie fast Todesangst; Da blieb der Pfarrer stehen und fragte sie, was los sei, und die Familie versammelte sich um sie.

„Deine Hand ist wie Eis“, sagte Mamie zu Jack, „und alles ist nass!“

Sie schaute immer wieder darauf, während sie sich wieder zusammenfasste.

„Es fühlt sich für mich nicht kalt an“, sagte Jack und hielt sich den Handrücken an die Wange. "Versuche es noch einmal."

Mamie hielt ihre Hand hin und berührte zunächst schüchtern seinen Handrücken, dann ergriff sie sie.

„Das ist lustig“, sagte sie.

„Sie war den ganzen Tag so nervös wie eine Hexe", sagte Mrs. Brewster streng.

„Es ist natürlich", sagte der Pfarrer, „dass die junge Frau Benton in einem solchen Moment ein wenig aufgeregt ist."

Die meisten Verwandten der Braut lebten weit entfernt und waren vielbeschäftigte Menschen, daher war vereinbart worden, dass das Abendessen, das wir mitten am Tag hatten, an die Stelle eines Abendessens danach treten sollte und dass wir nur ein Abendessen zu uns nehmen sollten Nachdem die Hochzeit vorüber war, gab es einen kleinen Biss, und dann sollten alle nach Hause gehen und das junge Paar würde alleine zur Hütte hinuntergehen. Als ich hinausschaute, konnte ich das Licht in Jacks Cottage, eine Viertelmeile entfernt, hell brennen sehen. Ich sagte, ich glaube nicht, dass ich vor halb zehn einen Zug bekommen könnte, der mich zurückbringt, aber Mrs. Brewster bat mich, zu bleiben, bis es soweit sei, da sie sagte, ihre Tochter würde ihr Hochzeitskleid vor ihr ausziehen wollen ging nach Hause; denn sie hatte etwas Weißes mit einem Kranz angezogen, das war sehr hübsch, und so konnte sie nicht nach Hause gehen, oder?

also alle etwas zu Abend gegessen hatten, begann sich die Party aufzulösen, und als sie alle weg waren, gingen Mrs. Brewster und Mamie nach oben, und Jack und ich gingen auf die Piazza, um eine Zigarette zu rauchen, wie es die alte Dame tat Ich mag keinen Tabak im Haus.

Der Vollmond war inzwischen aufgegangen und er stand hinter mir, als ich auf Jacks Cottage hinunterblickte, so dass alles klar und weiß war und nur das Licht im Fenster brannte. Der Nebel war bis an den Rand des Wassers und etwas darüber hinaus geweht, denn die Flut war hoch oder beinahe hoch und schwappte über den letzten Sandstreifen, fünfzig Fuß von der Strandstraße entfernt.

Während wir rauchend dasaßen, sagte Jack nicht viel, aber er dankte mir, dass ich zu seiner Hochzeit gekommen war, und ich sagte ihm, ich hoffe, er würde glücklich sein; und das tat ich. Ich wage zu behaupten, dass wir beide gerade an die Schritte oben gedacht haben und dass das Haus mit einer Frau darin nicht so einsam wirken würde. Nach und nach hörten wir Mamies Stimme, die auf der Treppe zu ihrer Mutter sprach, und eine Minute später war sie bereit zu gehen. Sie hatte das Kleid, das sie am Morgen getragen hatte, wieder angezogen, und abends sah es schwarz aus, fast so schwarz wie Jacks Mantel.

Nun, sie waren jetzt bereit zu gehen. Nach der Aufregung des Tages war alles sehr ruhig, und ich wusste, dass sie diesen Weg nun, da sie endlich Mann und Frau waren, gerne alleine gehen würden. Ich wünschte ihnen eine gute Nacht, obwohl Jack sich bemühte, mich zu drängen, mit ihnen auf dem Weg bis zur Hütte zu gehen, anstatt über die Strandstraße zum Bahnhof zu gehen. Es war alles sehr ruhig und es schien mir eine vernünftige Art zu heiraten; Und als Mamie ihrer Mutter einen Gute-Nacht-Kuss gab, schaute ich einfach weg und warf meine Asche über das Geländer der Piazza. Also gingen sie den geraden Weg zu Jacks Cottage hinunter, und ich wartete eine Minute mit Mrs. Brewster und kümmerte mich um sie, bevor ich meinen Hut mitnahm. Sie gingen Seite an Seite, zunächst etwas schüchtern, und dann sah ich, wie Jack seinen Arm um ihre Taille legte. Als ich hinsah, befand er sich zu ihrer Linken, und ich sah die Umrisse der beiden Gestalten deutlich im Mondlicht auf dem Weg; und der Schatten zu Mamies Rechten war breit und schwarz wie Tinte, und er bewegte sich entlang, wobei er mit der Unebenheit des Bodens neben dem Weg länger und kürzer wurde.

Ich dankte Frau Brewster und wünschte ihr eine gute Nacht; und obwohl sie eine strenge Frau aus Neuengland war, zitterte ihre Stimme ein wenig, als sie antwortete, aber da sie eine vernünftige Person war , ging sie hinein und schloss die Tür hinter sich, als ich auf den Weg trat. Ich schaute dem Paar in der Ferne ein letztes Mal nach und hatte vor, zur Straße hinunterzugehen, um sie nicht zu überholen. Aber als ich ein paar Schritte gemacht hatte, blieb ich stehen und schaute noch einmal, denn ich wusste, dass ich etwas Seltsames gesehen hatte, obwohl es mir erst im Nachhinein klar geworden war . Ich schaute noch einmal hin und es war jetzt klar genug; und ich stand stocksteif da und starrte auf das, was ich sah. Mamie ging zwischen zwei Männern hindurch. Der zweite Mann war genauso groß wie Jack, beide waren etwa einen halben Kopf größer als sie; Jack zu ihrer Linken in seinem schwarzen Frack und runden Hut, und der andere Mann zu ihrer Rechten – nun, er war ein Matrose in nassem Ölzeug. Ich konnte sehen, wie das Mondlicht auf das Wasser schien, das an ihm herunterlief, und auf die kleine Pfütze, die sich dort gebildet hatte, wo die Klappe seines Südwesters nach hinten geklappt war; und einer seiner nassen, glänzenden Arme lag knapp darüber um Mamies Taille Jacks. Ich war schnell an der Stelle, an der ich stand, und für einen Moment dachte ich, ich sei verrückt. Zum Abendessen hatten wir nur etwas Apfelwein und abends Tee getrunken, sonst hätte ich gedacht, dass mir etwas in den Sinn gekommen sei, obwohl ich noch nie in meinem Leben betrunken war. Danach war es eher wie ein böser Traum.

Ich war froh, dass Mrs. Brewster hineingegangen war. Ich konnte nicht anders, als den dreien zu folgen, in einer Art Verwunderung, um zu sehen, was passieren würde, um zu sehen, ob der Matrose in seinen nassen Klamotten einfach dahinschmelzen würde der Mondschein. Aber er tat es nicht.

Ich bewegte mich langsam und erinnerte mich hinterher daran, dass ich im Kommen über das Gras gelaufen war. Ich nehme an, dass alles in weniger als fünf Minuten passierte, aber es schien, als hätte es eine Stunde gedauert. Weder Jack noch Mamie schienen den Seemann zu bemerken. Sie schien nicht zu wissen, dass sein nasser Arm sie umarmte, und nach und nach näherten sie sich der Hütte, und ich war keine hundert Meter von ihnen entfernt, als sie die Tür erreichten. Etwas ließ mich dann stehen bleiben. Vielleicht war es Angst, denn ich habe alles, was passiert ist, genauso gesehen, wie ich dich jetzt sehe.

Mamie setzte ihren Fuß auf die Stufe, um nach oben zu gehen, und als sie vorwärts ging , sah ich, wie der Seemann langsam seinen Arm in Jacks Arm legte, und Jack rührte sich nicht, um nach oben zu gehen. Dann drehte sich Mamie auf der Stufe um, und alle drei blieben ein oder zwei Sekunden lang stehen. Da schrie sie auf – so habe ich einmal einen Mann schreien hören, als ihm von einem Dampfkran der Arm abgetrennt wurde – und sie fiel zusammengeballt auf die kleine Piazza zurück.

Ich versuchte nach vorne zu springen, konnte mich aber nicht bewegen und spürte, wie mir die Haare unter meinem Hut aufstanden. Der Seemann drehte sich langsam um, wo er stand, drehte Jack ruhig und leicht am Arm herum und begann, ihn den Weg vom Haus entlang zu führen. Er führte ihn geradeaus auf diesem Weg, so sicher wie das Schicksal; und die ganze Zeit sah ich das Mondlicht auf sein nasses Ölzeug scheinen. Er führte ihn durch das Tor, über die Strandstraße und hinaus auf den nassen Sand, wo die Flut hoch war. Dann holte ich mit einem Schluck Luft, rannte über das Gras auf sie zu, sprang über den Zaun und stolperte über die Straße. Doch als ich den Sand unter meinen Füßen spürte, waren die beiden am Wasser; und als ich das Wasser erreichte, waren sie weit draußen und reichten mir bis zur Hüfte; und ich sah, dass Jack Bentons Kopf nach vorne auf seine Brust gefallen war und sein freier Arm schlaff neben ihm herabhing, während sein toter Bruder ihn stetig in den Tod marschierte. Das Mondlicht fiel auf das dunkle Wasser, aber die Nebelbank dahinter war weiß, und ich sah sie vor ihr; und sie gingen langsam und stetig hinab. Das Wasser reichte ihnen bis zu den Achseln, dann bis zu ihren Schultern, und dann sah ich, wie es bis zum schwarzen Rand von Jacks Hut stieg. Aber sie haben nie gezögert; und die beiden Köpfe bewegten sich geradeaus weiter, geradeaus weiter, bis sie darunter waren und dort, wo Jack gewesen war, nur noch eine Welle im Mondlicht zu sehen war.

Es liegt mir am Herzen, Ihnen diese Geschichte zu erzählen, wann immer ich die Gelegenheit dazu habe. Ihr kennt mich, Mann und Junge, schon viele Jahre; und ich dachte, ich würde gerne Ihre Meinung hören. Ja, das habe ich immer gedacht. Es war nicht Jim, der es übertrieben hat; es war Jack, und Jim ließ ihn einfach gehen, als er ihn hätte retten können; und dann gab sich Jim bei uns und bei dem Mädchen für Jack aus. Wenn das passiert ist, hat er bekommen, was er verdient hat. Am nächsten Tag sagten die Leute, Mamie habe es herausgefunden, als sie das Haus erreichten, und dass ihr Mann einfach ins Meer gegangen sei und sich ertränkt habe; und sie hätten mir die Schuld dafür gegeben, dass ich ihn nicht aufgehalten hätte, wenn sie gewusst hätten, dass ich dort war. Aber ich erzählte nie, was ich gesehen hatte, denn sie hätten mir nicht geglaubt. Ich ließ sie einfach denken, ich wäre zu spät gekommen.

Als ich die Hütte erreichte und Mamie hochhob, war sie völlig außer sich vor Wut. Danach ging es ihr besser, aber sie war nie wieder richtig im Kopf.

Oh, willst du wissen, ob sie Jacks Leiche gefunden haben? Ich weiß nicht, ob es seins war, aber ich las in einer Zeitung in einem Hafen im Süden, wo ich mit meinem neuen Schiff war, dass zwei Leichen bei einem Sturm im Osten in ziemlich schlechtem Zustand an Land gekommen waren. Sie waren aneinander gebunden, und eines davon war ein Skelett in Ölzeug.

FRANCIS MARION CRAWFORD, das jüngste der vier Kinder des bekannten Bildhauers Thomas Crawford, wurde in Rom geboren und von einer französischen Gouvernante erzogen; dann an der St. Paul's School,

Concord, NH; im ruhigen Landdorf Hatfield Regis, unter einem Englischlehrer; am Trinity College in Cambridge, wo man ihn damals für einen Mathematiker hielt; in Heidelberg und Karlsruhe sowie an der Universität Rom, wo ihn sein besonderes Interesse an orientalischen Sprachen mit der Idee, sich auf eine Professur vorzubereiten, nach Indien schickte.

Einmal hätten ihn schwere Zeiten in Indien beinahe dazu gezwungen, in die britische Armee einzutreten, aber eine zufällige Gelegenheit schickte ihn als Herausgeber des *Indian Herald* nach Allahabad. Während der nächsten achtzehn Monate lernte er in Simla den Helden seines ersten Romans „Mr. Isaacs" kennen. „Wenn er nicht gewesen wäre", sagt Mr. Crawford, „könnte ich in diesem Moment Sanskrit-Professor an einem amerikanischen College sein." denn diese Idee blieb auch nach seiner Rückkehr in die Vereinigten Staaten bestehen, wo er nach Harvard ging, um sich speziell mit diesem Thema zu befassen.

Aber seit dem Abend im Mai, als die Geschichte des interessanten Mannes von Simla zum ersten Mal in einem Club-Raucherzimmer mit Blick auf den Madison Square erzählt wurde, war Mr. Crawfords Leben von harter literarischer Arbeit geprägt. Er kehrte 1883 nach Italien zurück und verbrachte den größten Teil des nächsten Jahres in Konstantinopel, wo er mit einer Tochter von General Berdan verheiratet war . Seit 1885 lebt er in Sorrent, Italien, und besucht regelmäßig Amerika.

Auf „Mr. Isaacs", veröffentlicht 1882, folgte fast gleichzeitig „Dr. Claudius". Dann beanspruchte *The Atlantic Monthly* 1883 eine Fortsetzungsgeschichte mit dem Titel „A Roman Singer". Seitdem wurde die Liste seiner Romane auf zweiunddreißig erweitert, zusätzlich zu den historischen und beschreibenden Werken mit den Titeln „Ave Roma Immortalis " und „The Rulers of". der Süden."

Für Mr. Crawford ist die Entwicklung einer Geschichte und der Figur, die sie angedeutet hat, das Wichtigste . Wie die Kritiker sagen:—

„Er ist ein Künstler, ein geborener Geschichtenerzähler und Kolorist , fantasievoll und dramatisch, männlich und lebendig."

Seine große Bandbreite als Reisender hat zweifellos zu einer weiteren charakteristischen Qualität beigetragen:

„… seine Stärke in unübertroffenen Porträts seltsamer Charaktere und seine magische Fähigkeit, seine Leser scheinbar zu Zeugen der Spektakel zu machen."

Seine intime Kenntnis vieler Länder hat zu einer beispiellosen Reihe brillanter Liebesromane geführt, darunter unterschiedliche Charaktere aus den alten Familien Roms, den Glasbläsern Venedigs, den Silberschmieden Roms, den Zigarettenherstellern Münchens, dem Hof des alten Madrid und den Türken von Stamboul und dem Bosporus , von einfachen Seeleuten an der Küste Spaniens, von den Amerikanern des modernen New York und Bar Harbor bis hin zu den Kreuzfahrern des zwölften Jahrhunderts. Aber egal, ob die Szene im modernen Indien, im ländlichen England, im Schwarzwald oder in den Palästen Babylons spielt, die Geschichte regt die Fantasie an und fasziniert den Leser.

„Der romantische Leser wird hier eine Geschichte von leidenschaftlicher und reiner Liebe vorfinden; der Kenner der Charaktere liebt die subtile Analyse und die geschickte Darstellung; der Historiker wird die gewissenhafte historische Genauigkeit bestätigen; der Liebhaber des Abenteuers wird feststellen, dass sein Blut in Wallung gerät und sein Puls sich beschleunigt." wie er liest.

www.ingramcontent.com/pod-product-compliance
Lightning Source LLC
LaVergne TN
LVHW041805190726
843493LV00008B/2805